경성대학교
한국한자연구소 한자학 교양총서 02

한자와 성운학

이 저서는 2018년 대한민국 교육부와 한국연구재단의 지원을 받아 수행된 연구임
(NRF-2018S1A6A3A02043693)

경성대학교 한국한자연구소 한자학 교양총서 02

한자와
성운학

배은한 신아사

역락

발간사

　경성대학교 한국한자연구소는 2018년 한국연구재단 인문한국 플러스(HK+) 지원사업(과제명: 한자와 동아시아 문명 연구-한자로드의 소통, 동인, 도항)에 선정된 이래, 한자문화권 한자어의 미묘한 차이와 그 복잡성을 고려한 국가 간 비교 연구를 수행해 왔습니다. 이 총서는 그간의 연구 성과를 대중에게 전하고 널리 보급하는 목적으로 기획되었습니다.

　우리 연구소의 총서는 크게 연구총서와 교양총서로 나뉘어져 있습니다. 연구총서가 본 연구 아젠다 성과물을 집적한 학술 저술이라면, 교양총서는 연구 성과의 대중적 확산을 위해 기획된 시리즈물입니다. 그중에서도 이번에 발간하는 〈한자학 교양총서〉는 한자학 전공 이야기를 비전공자들도 흥미롭게 접근할 수 있도록 기획된 제1기 시민인문강좌(2022년 7월~8월, 5개 과정, 각 10강), 제2기 시민인문강좌(2022년 12월~2023년 1월, 5개 과정, 각 10강)의 내용을 기반으로 합니다. 당시 수강생들의 강의에 대한 높은 만족도와 함께 볼 만한 교재 제작에 대한 요청이 있었습니다. 실제로 한자학 하면 대학 전공자들이 전공 서적을 통해 접하는 것이 대부분이며, 대중이 쉽게 접할 수 있는 입문서는 그다지 많지 않습니다. 〈한자학 교양총서〉는 기본적으로 강의 스크립트 형식을 최대한 활용하여 전공 이야기를 쉬운 말로 풀어쓰는 데에 중점을 두었습니다. 흡사 강의를 듣는 듯 한자학에 대한 기본적인 지식을 배울 수 있는 입문서를 표방하는 이 책은, 한자학에 흥미를 가진 사람들이 한자학을 접할 수 있는 마중물과 같은 역할을 할 수 있을 것으로 기대합니다.

　이번에 발간되는 시리즈는 전체 10개 과정 중 1기 강좌분에 해당하는 '한자학개요'(이해윤, 허철), '한자와 성운학'(배은한, 신아사), '한자와 출토문헌'(신세리, 홍유빈), '한자와 고대중국어'(조은정, 허철), '한자와 중국고대사'(이성란, 이선희) 5권이 먼저 발간됩니다. 한자학의 기원과 구성 원리, 음운 체계, 변천사 등 한자학 전반에 대한 이해를 높일 수 있는 내용으로 편집되었습니다.

　앞으로도 우리 연구소는 연구 과제를 수행하면서 축적된 연구 성과를 학계뿐만 아니라 대중의 지적 호기심을 충족시킬 수 있는 방법을 다각적으로 모색해 나아갈 것입니다. 본 사업단 인문강좌에 강의자로 참여해주시고, 오랜 퇴고 기간을 거쳐 본 〈한자학 교양총서〉에 기꺼이 원고를 제공해 주신 여러 교수님들께 감사드리

고, 이 책이 발간되기까지 조언을 아끼지 않으신 사업단 교수님
들, 그리고 역락 박태훈 이사님께도 감사의 말씀을 드립니다.

2024년 1월
경성대학교 한국한자연구소
소장 하영삼

머리말

아는 것이 힘이다 vs **지피지기면 백전백승**이라

　동서양 모두 더불어 사는 세상에서 지식과 지혜의 중요성을 강조하는 표현이 있습니다. "아는 것이 힘이다"는 철학자 베이컨 경(Sir Francis Bacon)의 저서에 등장하는데, 라틴어 격언이기도 하고 성경에도 비슷한 표현이 있습니다(잠언 24: 5). "지피지기, 백전백승(知彼知己. 百戰百勝)"은 『손자병법·모공편(孫子兵法·謀攻篇)』의 "지피지기자, 백전불태(知彼知己者, 百戰不殆)"에서 유래합니다.

　주지하듯이, 인류의 문명은 언어 및 문자와 불가분의 관계에 있습니다. 서양에 로마자와 (이론적인 소리의 역사를 연구하는) 역사음운론이 있다면 중국에는 한자(漢字)와 성운학(聲韻學)이 있습니다. 본서는 바로 성운학을 소개하는 교양서로서, 한자의 형·음·의(形·音·義) 중 자음(字音)에 초점을 맞춰 중국어의 소리 체계, 즉 성·운·조(聲·韻·調)의 역사적인 변화와 지역적인 차이를 다룹니다.

　아래의 인용문은 ChatGPT가 필자와 다섯 번의 질문-답변을 거치면서 작성한 머리말입니다.

"이 책은 한자의 음운적 특징과 성운학의 입문을 다룹니다. 성운학이란 언어의 소리 구조를 연구하는 학문인데, 여기서는 한자 발음이 시간에 따라 어떻게 변화했는지, 그리고 그 속의 음운이 어떻게 미묘하게 다른지를 탐구합니다. 이를 통해 독자 여러분이 성운학의 흥미로운 세계로 조금 더 가까이 갈 수 있기를 바랍니다. 성운학의 복잡해 보이는 여러 개념을 쉽고 재미있게 설명하여, 모든 이가 한자와 성운학의 매력을 발견하게 될 것입니다."

　　"한자와 성운학"이라고 필자가 처음 운을 떼었을 때 ChatGPT는 "한자와 성운학은 각각 언어와 과학의 완전히 다른 분야에 속하지만, 두 분야가 서로 연관되어 있을 수 있습니다."라는 엉뚱한 답변을 내놓았습니다. 질문 속의 중국어역사음운론(Historical Chinese Phonology)을 천문학의 한 분야인 천체물리학(Astrophysics)으로 이해했던 것입니다.

　　본 교양서가 성운학 공부에 조금이나마 도움이 되기를 바랍니다. 그 다음은 온전히 여러분의 몫입니다. 지역, 지식, 분과를 뛰어넘는 초연결, 초지능, 초융합의 제4차 산업혁명 시기입니다. 현재에 발을 단단히 딛고, 과거를 되짚으며, 미래를 향해 잘 나아가시기를 바랍니다. 아는 것이 힘입니다. 지피지기면 백전백승입니다.

차례

제1장 | 입문(入門)

제1장

입문(入門)

『고음운학초계 - 상(古音韻學初階 - 上)』[1]에서는 성운학(聲韻學)을 '천서(天書)'와 '절학(絶學)'이라는 표현으로 소개하고 있습니다. 성운학(聲韻學)이 상당히 그리고 매우 어렵다는 점을 강조하는 표현입니다. 천서(tiānshū), 즉 '하늘의 책'이라는 뜻입니다. 하늘의 이치에 맞닿을 만큼 어려운 내용이라는 표현입니다. 절학(juéxué)은 '실전(失傳)된 학문'을 지칭하기도 하고, '빼어나고 독보적인 학문'을 지칭하기도 합니다. 어떤 의미로 사용되었든, '어렵다'라는 점을 강조하는 표현입니다. 이처럼 '어렵다'라는 선입견 때문인지, 성운학(聲韻學)은 우리나라뿐만 아니라 중국과 대만에서도 다른 영역에 비해 전공하고자 하는 학습자들이나 연구자들이 상당히 적은 영역입니다.

성운학(聲韻學)은 음운학(音韻學)[2]이라고도 합니다. 중국 언어

---

1   https://www.getit01.com/p201806062735133/ : "音韻學的書一直被看做「天書」, 其學問也被稱為「絶學」, 意思很明白, 不好懂, 不好學, 當然也不好講, 所以, 現在好多大學裡講古代漢語的時候, 都講文字, 講訓詁, 唯獨不講音韻學." [음운학(성운학) 영역의 책은 줄곧 '천서'로 간주되고 있으며, 음운학 자체를 '절학'이라고도 합니다. 그 의미는 매우 명확합니다. 이해하기 어렵고, 배우기 어렵고, 물론 강의하기도 어렵기 때문입니다. 현재 많은 대학의 고대한어 관련 교과목에서도, 문자학이나 훈고학 강좌는 개설되지만, 음운학은 개설되지 않습니다.]

2   국어에서 '음운학'은 언어학의 두 가지 분야를 포함합니다. 하나는 "한자의 음운, 사성(四聲), 반절 따위에 관하여 연구하는 학문"이고, 다른 하나는 "추상적

학에서는 이 두 가지 명칭을 동일한 개념으로 간주해도 무방합니다. 굳이 둘 사이의 미세한 차이까지 구분한다면, '음운학(音韻學)'과 '성운학(聲韻學)'은 각각 '국어 음운학(音韻學)', '영어 음운학(音韻學)' 등으로 지칭할 수는 있어도 '국어 성운학(聲韻學)'이나 '영어 성운학(聲韻學)'이라고는 하지 않습니다. 중국 언어학에서는 '중국 음운학(音韻學)' 혹은 '중국 성운학(聲韻學)' 등으로 혼용하는 경우를 볼 수 있습니다. 그런데 중국 언어학에서도 '음운학(音韻學)'이라는 명칭은 중국어[漢語]를 포함한 각종 언어를 대상으로 사용되지만, '성운학(聲韻學)'이라고 한다면 '중국'이라는 범위에 한정해서 사용됩니다. 즉, '성운학(聲韻學)'은 '중국 음운학(音韻學)'을 지칭합니다. 중국 언어학에서 특정 언어를 제시하지 않고 '음운학(音韻學)'으로만 지칭한다면 이 역시 '중국 음운학(音韻學)'을 의미하는 용도로 사용됩니다. 그러므로 중국 언어학에서는 '성운학(聲韻學)'과 '음운학(音韻學)'을 동일한 개념으로 간주해도 무방합니다.

이고 심리적인 말소리인 음운을 대상으로 음운 체계를 밝히고, 그 역사적 변천을 연구하는 학문"입니다. 국내에서는 일반적으로 전자는 성운학으로, 후자는 음운론으로 명명합니다. (표준국어대사전 참조)

1.1. 성운학(聲韻學)과 한자(漢字)

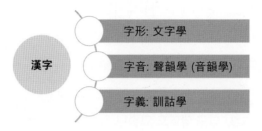

본격적으로 성운학(聲韻學) 학습을 시작하면서, 먼저 살펴보고자 하는 것은 한자(漢字)입니다.

중국어는 한자(漢字)라는 서사체계(書寫體系)를 사용합니다. 한자(漢字)는 형(形)·음(音)·의(義), 즉 자형(字形)·자음(字音)·자의(字義)로 구성됩니다. 자형(字形)은 한자(漢字)의 형태이며, 자음(字音)은 한자(漢字)의 발음이고, 자의(字義)는 한자(漢字)의 의미입니다. 전통적인 중국 언어학에서는 형(形)·음(音)·의(義) 세 분야로 나누어, 자형(字形)을 연구하는 문자학(文字學), 자음(字音)을 연구하는 성운학(聲韻學), 자의(字義)를 연구하는 훈고학(訓詁學)으로 구분합니다.

현대 언어학의 범주에서 볼 때, '문자(文字)'와 '성운(聲韻)'이라는 학문 영역은 전통적인 명칭이면서도 현대 언어학의 세부 영역을 분류하는 데 동일하게 사용되는 명칭입니다. 그런데 '훈고(訓詁)'라는 명칭은 현대에도 사용되기는 하지만, 현대 언어학의 세부 영역에서는 어휘학(語彙學), 즉 사휘학(詞彙學)과 가장 근접한 영역입니다. 현대 언어학에서 '자의(字義)'라고 하는 한자(漢字)의 의미에 대한 연구는 어휘학(語彙學)뿐만 아니라 어법(語法), 다른 말로 문법(文法) 연구 영역도 있습니다. 즉, '형(形)·음(音)·의(義)'라는 틀에서 볼 때 '문자(文字)·음운(音韻)·훈고(訓詁)'이고, 이 중에서 '훈고(訓詁)'는 현대 언어학의 '어휘학(語彙學)'과 '어법학(語法學)' 영역으로 대응시킬 수 있겠습니다.

형(形)·음(音)·의(義)라는 개념으로 한자(漢字)를 분석하고 한자(漢字)의 기본 구조를 파악하려는 전통적인 구분법은 한자(漢字) 관련 사전(辭典) 및 자전(字典)의 명칭에서도 흔히 찾아볼 수 있습

한자와 성운학

니다. 『형음의종합대자전(形音義綜合大字典)』·『형음의자전(形音義字典)』·『한자형음의변석소자전(漢字形音義辨析小字典)』 등에 보이는 바와 같이, 형(形)·음(音)·의(義)라는 틀은 한자(漢字)를 구성하는 기본적인 구조이며, 중국 언어학에서는 이에 근거하여 세부 영역으로 분류하고 있습니다.

1.2. 성운학(聲韻學)의 효용

聲韻學의 效用

- 중국어 語音의 通時的 變化 고찰
  중국어 語音의 共時的 差異 고찰
- 現代標準中國語 語音의 규정
- 중국어 語音의 變化 過程 규명
- 중국어 語音의 發展 方向 규명

1.2.1. 통시적(通時的) 변화와 공시적(共時的) 차이 고찰

성운학(聲韻學)의 가장 기본적인 효용은 중국어 어음(語音), 즉 발음의 통시적(通時的) 변화와 공시적(共時的) 차이를 고찰하는 데 있습니다. 통시(通時, Diachrony)라는 개념은 시간의 흐름에 따른 분석 방식인데, 중국 언어학에서는 '역사'의 '역(歷)'과 '시간'의 '시(時)'자를 조합한 '歷時(lishi)'라는 표현을 주로 사용합니다. 시간의 흐름에 따른 변화 과정을 일컫는 것입니다. 동일한 개념을 국내 언어학에서는 일반적으로 '통시(通時)'라고 표현합니다.

예를 들어, '風(바람 풍)'자는 한(漢)나라 이전인 은(殷)·주(周)·진(秦)나라 시기에는 어떤 모양으로 썼을까요? 은(殷)나라 때나 주(周)나라 시기의 유물을 보면 '風'자가 '鳳(봉황새 봉)'자처럼 새겨진 것을 확인할 수 있습니다.[3]

다시 말하면, 봉황새 모양으로 그려졌던 글자가 진(秦)나라·한(漢)나라를 거치면서 현재 우리가 사용하고 있는 '風'자의 모양으로 변화해 온 것입니다. 자형(字形)상의 통시적(通時的)인 변화 과정입니다. 발음 측면에서 보면, 어떤 글자가 한(漢)나라 때에는 어

---

3   漢典: https://www.zdic.net/hans/%E9%A2%A8

한자와 성운학

떻게 읽혔고 공자(孔子)나 이백(李白)·두보(杜甫) 시대에는 어떻게 읽혔는지, 시간의 흐름에 따른 변화를 살펴볼 수 있습니다. 따라서 '통시(通時)'라는 개념은 변화 혹은 변천이라는 차이에 대한 분석이 주된 틀을 이룹니다.

반면, 공시(共時, Synchrony)는 공통된 시간대입니다. 예를 들면, 이백(李白)과 두보(杜甫)는 당(唐)나라 시대에 해당합니다. 8-9세기라고 한다면 100년 단위가 되겠고, 당(唐)나라 시대라고 한다면 몇 백 년 단위가 될 것이며, 문명사 이후라고 한다면 몇천 년 단위가 될 수도 있을 것입니다. 공시(共時)라는 틀로 어느 시기에 어떤 차이가 있는지를 논할 때, 가장 대표적인 것이 '지역적인 차이'가 될 것입니다. 지역 차이 이외에도, 요즘 사용하는 인터넷 용어라든지 이모티콘을 통한 언어 전달 방식 등 공시(共時)라는 공통의 시간에서 사용상의 차이를 확인할 수 있습니다. 이런 차이는 예외적인 상황도 있겠지만, 일반적으로는 연령대에 따라 이해도가 달라질 수 있는 '세대 간의 차이'로 간주할 수 있을 것입니다. 직업군이나 사회 계층의 차이에 따라서도 표현 양식이나 언어 형태가 서로 다른 양상을 나타낼 수 있습니다. 공시적(共時的)인 차이 중에서 '계층 간의 차이'입니다. '통시(通時)'라는 개념과 '공시(共時)'라는 개념은 소쉬르(Ferdinand de Saussure)가 제시한 분석 기준입니다. 이 개념은 언어학에서 주로 사용되지만, 언어학 이외에도 문학이나 역사 또는 문화사적인 면에서 각 요소의 변천 과정이나 지역·세대·계층 간의 차이 등을 논할 때 공시(共時)와 통시(通時)로 구분해서 접근할 수 있습니다. 학문 분석의 기본적인 틀이 됩니다.

通時(Diachrony) vs 共時(Synchrony)

소쉬르(Ferdinand de Saussure, 1857~1913)
- 通時: 시간의 흐름. 변천 과정. 歷時
  共時: 동일한 시간대
- 通時態: 시간의 흐름에 따라 변화하는 언어
       의 모습
  共時態: 특정 시기의 언어 상태
- 通時的 分析: 시간의 추이에 따른 변천사를
       분석하는 연구 방법
  共時的 分析: 동일한 시대 또는 동일한 시점
       에 놓여 있는 체계를 분석하는
       연구 방법

소학(小學)인 성운학(聲韻學)은 중국어 '발음'을 연구하는 영역입니다. '風'자든지 '人'자든지, 각 글자의 자형(字形)에 나타나는 시기별 변천 과정이나 지역별 차이를 살펴볼 수 있지만, 발음상의 통시적(通時的)인 변화와 공시적(共時的)인 차이도 분석할 수 있습

니다. 발음의 통시적(通時的)인 차이라면, 어떤 글자의 한(漢)나라 때 발음과 당(唐)나라, 송(宋)나라 그리고 명(明)나라, 청(淸)나라 이후 현재에 이르기까지의 발음에서 차이가 나타나는 경우를 예로 들 수 있습니다. 이에 비해 공시적(共時的)인 차이는 먼저 특정 시점이나 시기를 기준으로 설정해야 합니다. 현재라는 시점을 기준으로 삼는다면, 동일한 글자를 현대표준중국어[普通話]로 발음할 때와 광동방언(廣東方言)·객가방언(客家方言)·오방언(吳方言) 등으로 발음할 때 차이가 나타나는 경우가 지역 차이로서의 공시적(共時的)인 차이입니다. 또 다른 예로, 명(明)나라 때의 북경(北京) 지역과 복건(福建)이나 광동(廣東) 지역 간에 어떤 차이가 나타나는지를 대상으로 분석한다면, 이 경우는 '명(明)나라'라는 공통의 시간을 기준으로 공시적(共時的) 차이를 살펴보는 의미가 됩니다.

자형(字形) 측면에서도 공시적(共時的)인 차이를 살펴볼 수 있습니다. 진시황(秦始皇) 시기에 소전체(小篆體)로 통일하기 이전의 전국(戰國) 시대 각 지역의 다양한 자체(字體)가 자형(字形)의 공시적(共時的)인 차이입니다. 역사적으로 혼란기에는 지역적인 차이가 심화될 수밖에 없었습니다. 언어, 문자(文字)의 상황도 마찬가지입니다. 전국(戰國) 시대뿐만 아니라 위진남북조(魏晉南北朝) 시기에도 지역별로 다양한 자형(字形)이 출현했습니다. 이후 수(隋)·당

(唐) 시기에 유행했던 자양학(字樣學)의 영향으로 해서(楷書)의 규범화가 이루어졌습니다. 현대라는 시점에도 자형(字形)상의 공시적(共時的)인 차이를 확인할 수 있는데, 예를 들면 '有(있을 유, yǒu)'에서 알맹이가 비어 있는 형상으로 나타나는 '冇(없을 유, mǒu)'자가 대표적인 예입니다. '없다', '아니다' 등과 같은 의미로 사용되는 이 '冇'자는, 광동어(廣東語)로 더빙되어 자막이 제공되는 홍콩 영화를 보다 보면, 영화 한 편에 수십 번씩 등장할 만큼 자주 사용되는 글자입니다. 원래 광동(廣東) 홍콩 지역에서만 사용되던 이 글자는, 차츰 사용 범위가 확대되어 지금은 현대중국어[現代漢語] 사전(辭典)에도 등재되어 있습니다. 원래는 광동(廣東) 홍콩 지역과 타 지역 간에 공시적(共時的)인 차이를 가지고 있던 자형(字形)이었습니다. 언어는 계속 변화합니다. 변화의 동인(動因)은 접촉입니다. 접촉은 곧 교류를 의미합니다. 사람 간의 교류, 계층 간의 교류, 지역 간의 교류 등을 통해 언어는 상호 영향을 받아 변화하게 됩니다. 접촉과 교류를 통해서 더 편리한 방향으로 사용 욕구가 충족되어 광동방언(廣東方言)에서 사용되던 '冇'자를 표준어 사전(辭典)에서도 찾아볼 수 있는 것입니다. 공시적(共時的)인 차이에서 표준화된 사례로 이해할 수 있습니다.

1.2.2. 어음(語音)의 변화 과정 및 방향 분석

　　성운학(聲韻學)은 중국어의 발음, 즉 어음(語音)의 통시적(通時的)인 변화와 공시적(共時的)인 차이를 고찰하는 학문 분야입니다. 성운학(聲韻學)적인 분석 능력은 현대표준중국어[普通話]의 표준 발음을 규정하거나, 이전의 변화 과정을 규명하고 향후의 변화 방향을 추정하는 데에도 필수적입니다. 예를 들면, '爲什麼'라는 표현 중에서 '什'자의 발음은 현재 제2성으로 규정되어 있습니다. 그렇지만 실제로 사용되는 언어 생활에서는 'shén'이라는 제2성의 음높이보다는 약화된 발음의 경성(輕聲)이나 제3성처럼 낮은 발음으로 사용되고 있습니다. 또한, '燕'자는 'yān'과 'yàn'의 두 가지 발음이 있습니다. 왕조 명칭이나 지명으로 사용될 때는 'yān'으로 발음하고, 조류(鳥類) 명칭으로서의 '제비'를 의미할 때는 'yàn'으로 발음해야 합니다. 전국(戰國) 시기에 지금의 북경(北京) 근교 지역을 중심으로 연(燕, Yān)이라는 나라가 있었습니다. 그래서 북경(北京)을 '연경(燕京)'이라고도 합니다. 이때의 '燕'자는 'yān'으로 발음해야 합니다. 그런데 일상생활에서 '燕'자는 'yàn'이라는 발음이 'yān'보다 대중적 인지도나 사용 빈도가 높기 때문에, 지명으로 사용되는 경우에도 'yān'이 아닌 'yàn'으로 발음하는 경우를 종종 발견할 수 있습니다. 언어의 변화는 '약정속성(約定俗成)'의 특성이 있습니다. 설사 오류 현상이 내포된 불규칙적인 변화일지라도, 언중(言衆)의 사용 실태가 변화와 규칙으로 정형화되기도 합니다. 실제 언어 생활에서 '오용(誤用)'이 '통용(通用)'으로 굳어지는 현상을 통해, 과거의 변화 사례와 향후의 변화 방향을 검증하고 추정할 수 있습니다.

발음은 오랜 시간에 걸쳐 점진적으로 변화합니다. 발음뿐만 아니라 자형(字形)이나 어휘(語彙)의 변화 등 언어의 변화 자체가 오랜 시간을 통해 점진적으로 변화합니다. 하지만 자형(字形)의 경우에는 진시황(秦始皇)의 문자(文字) 통일이나 현대의 한자간화방안(漢字簡化方案)과 같이 정책적으로 그리고 일시적으로 변화가 발생한 예도 있습니다. 어휘(語彙)의 경우에도 새로운 문물이나 현상이 나타나면 이름을 지어주게 됩니다. 바로 새로운 어휘(語彙)의 탄생입니다. 이처럼 자형(字形)이나 어휘(語彙)의 변화에 비하면, 발음은 특정 시기에 특정 계기로 일시에 변화를 발생시키기는 상대적으로 어려움이 큽니다. 예전에 이백(李白)과 두보(杜甫)가 활동하던 시기의 발음과 현대표준중국어[普通話] 발음 간에 나타나는 차이가, 어느 한 시점을 기해서 '이제부터 이 글자를 이렇게 발음하자.'라고 인위적으로 변경한 결과는 아닙니다.

언어의 변화는 경제성 논리에 근거합니다. 동일한 의미를 전달하는 데에 힘이 덜 들면 경제적인 것입니다. 일상생활에서 축약어로 표현하는 경우가 많지 않습니까? 전국인민대표회의(全國人民代表會議)를 전인대(全人大)로 줄여서 표현합니다. 국내에서도 줄임말이 보편적으로 사용되고 있습니다. 바로 언어의 경제성입니다. 언어는 자신이 나타내고자 하는 바를 상대방에게 전달하는 의사소통 행위입니다. 의사소통 과정에서, 글자를 덜 쓰거나 더 편안하게 발음해도 동일한 의미가 전달된다면 이것이 바로 경제적인 것입니다.

언어의 성격을 대략적으로 살펴보겠습니다. 언어의 효용인 의사소통은 크게 두 가지 방식으로 이루어집니다. 의사 전달자는 전달하고자 하는 내용을 '소리'로 상대방의 청각이라는 기능을 통해서 전달할 수 있습니다. 청각을 활용한 의사전달 방식입니다. 청각을 활용한 언어 행위를 '청각 부호'라고 합니다. 또한 시각이라는 기능을 활용하여 의사소통을 할 수도 있습니다. 문자(文字)나 기호가 대표적인 예입니다. 눈으로 보고 전달되는 내용을 파악할 수 있습니다. 전달자는 상대방의 시각 기능을 활용하여 전달하는 방식입니다. 시각을 이용하여 전달하는 데 활용되는 문자(文字)나 기호 등을 '시각 부호'라고 합니다. 언어는 청각적인 전달 방식과 시각적인 전달 방식, 즉 청각 부호와 시각 부호로 나눌 수 있습니다. 언어는 부호 체계라고 정의할 수 있습니다. 상대방에게 "사랑합니다."라는 표현을 글로 쓰거나 직접 발음해서 전달하지 않더라도, 하트 표시만 그려서 전달하거나 손으로 하트 모양을 보여주어도 의사소통이 가능합니다. 경제성에 입각한 언어 행위의 예로 볼 수 있습니다.

경제성 추구는 언어가 변화하는 동기가 되기도 합니다. 고대의 복잡한 자형(字形)에서 간단한 자형(字形)으로, (주관적일 수 있지만) 고대의 어려운 발음에서 상대적으로 쉬운 발음으로 변화해 왔습니다. 가장 대표적인 예가 성조(聲調)에서 살펴볼 '입성(入聲)'이라는 발음 요소입니다. 입성(入聲)은 끝이 막히듯이 발음하는 요소입니다. 제가 근무하는 단국대학교에서 유학하고 있는 중국 학생들한테 "우리 학교 이름이 어떻게 됩니까?"라고 물으면, 대다수의 중국 학생들은 '국'자와 '학'자를 제대로 발음하지 못하고 '당구대하꾜' 정도의 발음으로 대답합니다. '단국대학교'라는 발음이 쉽지 않습니다. 왜냐하면 '국'자나 '학'자 같은 입성(入聲)의 발음이 있기 때문입니다. 입성(入聲)이라는 발음은 끝이 들어가고[入] 막히는[塞] 느낌의 발음 요소입니다. 그래서 '입성(入聲)'의 명칭에 '入(들 입)'자가 사용되었고, 입성(入聲)의 발음 특징을 '塞(막힐 색)'이라고 합니다. 하지만 홍콩을 비롯한 광동(廣東) 지역 중국인들은 입성(入聲)의 발음에 익숙합니다. 그 지역의 방언(方言)에서는 이러한 발음 요소들을 가지고 있기 때문입니다. 반면, 현대표준중국어[普通話]만을 학습한 중국인들은 입성(入聲)의 발음을 어려워합니다. 우리나라 사람들이 영어 발음 중에서 [θ]와 [ð]를 구별하기 어려워하는 것과 마찬가지입니다. 우리 언어에 없어서 익숙하지 않은 발음 요소는 학습하기도, 발음하기도, 구별하기도 쉽지 않습니다. 동일한 논리로 현대표준중국어[普通話]에는 '입성(入聲)'이라는 발음 요소가 없기 때문에, 대다수의 중국인들에게 '입성(入聲)'은 어려운 발음입니다. 이처럼 불편하고 어려운 발음인 '입성(入聲)'이, 경제성 추구라는 동기로 인하여 쉬운 발음으로 변화한 결과, 고대중국어[古代漢語]에서는 존재했고 현대 방언(方言)에서도 존재하고 있지만 현대표준중국어[普通話]에서는 사라진 것으로 풀이할 수 있습니다.

1.3. 한자(漢字)의 변천

1.3.1. 자음(字音)의 변천

성운학(聲韻學)은 한자(漢字)의 형(形)·음(音)·의(義) 중에서 음

(音), 즉 발음에 초점을 맞추어 통시적(通時的)인 변화와 공시적(共時的)인 차이라는 분석 틀을 가지고 접근합니다. 도입부에서 성운학(聲韻學) 관련 표현으로 '천서(天書)'와 '절학(絶學)'이라는 명칭을 언급했습니다. 성운학(聲韻學)이 그만큼 '어렵다'라고 인식하는 상황을 간략히 소개했습니다. 반대로 접근하면, 한국인 혹은 한국어 발음을 익힌 중국 유학생의 경우에는, 현대표준중국어[普通話]만 알고 있는 중국인들보다 훨씬 더 쉽게 성운학(聲韻學)을 한 계단 한 계단 올라갈 수 있습니다. 한자음(漢字音)을 알고 있기 때문입니다. 위에서 예로 든 '단국대학교'의 발음에서, 현대표준중국어[普通話] 발음 'Tánguó dàxué'로는 확인할 수 없지만, 우리 한자음(漢字音)에서는 '국'자와 '학'자가 '입성(入聲)'이라는 사실을 바로 알아차릴 수 있습니다. '嚴'과 '言'은 현대표준중국어[普通話] 발음에서 'yán'으로 동음자(同音字)입니다. 엄격(嚴格)의 '嚴(엄)'과 언어의 '言(언)'입니다. 한자음(漢字音)을 기준으로 판단하면, 하나는 ㅁ(미음) 받침 [-m] 계열이고 하나는 ㄴ(니은) 받침 [-n] 계열로, 원래는 발음이 다른 글자였다는 사실을 바로 알아차릴 수 있습니다. 이백(李白)·두보(杜甫) 시기에는 압운(押韻), 즉 시(詩)를 지을 때 동일한 발음 요소를 동일한 자리에 배치하는 경우에, 이 두 글자는 전혀 다른 발음으로 분류되었던 글자이므로, 같이 압운(押韻)할

수 없었던 관계입니다.

또 다른 예로, '合'과 '和'는 현대표준중국어[普通話]에서 'hé'로 동일한 발음이지만, 우리 한자음(漢字音)으로 읽으면 '합'과 '화'로 전혀 다른 발음입니다. 그래서 한국인이나 한국에서 유학하는 중국인 학생은 우리 한자음(漢字音)을 알고 있기 때문에, 이런 차이를 쉽게 확인할 수 있습니다. 우리 한자음(漢字音)을 알고 있다는 사실은, 성운학(聲韻學)이라는 이 영역에서 훨씬 더 유리한 조건이 됩니다.

字音의 變化 및 差異

- 孔子(孔丘): BC 552~BC 479
  春秋時代 魯 (山東省 曲阜)
- 朱子(朱熹): 1130~1200
  宋代 (福建省 尤溪)
- 通時的 變化: 1600年 以上
  共時的 差異: 山東(北方方言) ⇔ 福建(閩方言)

공시(共時)와 통시(通時)라는 개념은, '동일한 시간대'와 '시간의 흐름'으로 각각 다른 기준이 적용됩니다. 한 가지 예를 들면, 공자(孔子) 시기와 주자(朱子) 시기는 통시적(通時的)인 차이를 가집니

다. 1,600년 이상이라고 합니다. 공자(孔子)와 주자(朱子)는 동양사
상과 학문을 대표하는 유학(儒學)의 대가입니다. 유가(儒家) 사상
은 공자(孔子)가 창시했고 주자(朱子)가 집대성해서 한층 더 발전
시킨 것으로 평가됩니다. 이런 공자(孔子)와 주자(朱子)가 과학 문
명의 발달을 이용해서 타임머신을 타고 만난다고 하면 얼마나 수
준 높은 학술적 토론이 가능하겠습니까? 그런데 이런 가정에서
도 언어적인 측면을 고려하면, 공자(孔子)와 주자(朱子)가 만난다
고 하더라도 서로 소통하고 토론하는 것은 불가능한 일이 됩니다.
서로 사용하는 말이 다르기 때문입니다. 1,600년이라는 통시적(通
時的)인 차이가 있습니다. 공자(孔子)가 활동하던 춘추전국(春秋戰
國) 시기의 발음과 주자(朱子)가 활동하던 송(宋)나라 때의 발음은
현격한 차이가 있습니다. 이런 통시적(通時的)인 차이 이외에도 공
시적(共時的)인 차이 중에서 지역적인 차이를 간과할 수 없습니다.
공자(孔子)의 곡부방언(曲阜方言), 즉 산동방언(山東方言)과 주자(朱
子)의 복건성(福建省) 민방언(閩方言) 지역은 발음 차이가 크기 때
문에 '청각 부호'인 음성을 이용한 소통과 토론은 불가능할 것으
로 판단할 수 있습니다. 그런데 공자(孔子)와 주자(朱子)는 대학자
들이니 '시각 부호'인 문자(文字)를 이용한 필담(筆談)은 가능하지
않을까요? 그렇지 않습니다. 一·二·三·木·山 등과 같이 간단한 글

자는 서로 알아볼 수도 있겠지만, 그 외에 대다수의 글자는 공자(孔子) 시기에 사용했던 자형(字形)과 주자(朱子) 시기에 사용했던 자형(字形)의 차이가 현격해서 쉽게 알아보기 어렵습니다. 자형(字形)의 통시적(通時的)인 차이입니다. 통시적(通時的)인 차이와 공시적(共時的)인 차이, 그리고 청각 부호와 시각 부호의 차이를 고려하면, 공자(孔子)와 주자(朱子)가 만난다고 가정하더라도 언어학적인 입장에서는 소통과 토론이 불가능하다고 판단할 수 있습니다.

언어라는 것은 부호 체계, 즉 청각 부호 체계와 시각 부호 체계로 쌍방 간의 약속이 선행되어야 합니다. 이러한 약속이 선행되지 않으면, 시각적인 부호로도 의사를 교환하기가 어렵고 청각적인 부호로도 서로 소통할 수가 없습니다. 왜냐하면 나만 알아듣는 소리나 나만 알아보는 부호로 전달할 수는 없지 않습니까? 쉽게 얘기해서 외국인들과 대화를 할 때 쌍방은 약속 체계의 틀 안에서 의사소통이 가능한 것입니다. 언어를 배운다는 것은 언어의 약속 체계를 소유하는 것입니다. 배우지 않은 언어를 접하게 되면 의사소통을 할 수 없습니다. 약속 체계가 성립되지 않은 것입니다. 그래서 언어는 약속 체계이자 부호 체계라고 합니다. 공자(孔子)와 주자(朱子)는 이 약속 체계의 틀 안에 묶여질 수 없는 통시적(通時的)인 차이와 공시적(共時的)인 차이의 제한을 받는 경우이기 때문에, 의사소통이 불가능했을 것으로 판단하는 것입니다. 위에서 예로 든 '風'자와 아래 그림의 '馬'자에 나타난 바와 같이, 공자(孔子) 시기에 해당하는 '금문(金文)'과 주자(朱子) 시기의 '해서(楷書)'를 비교해 보면, 자형(字形)상의 차이로 인해 필담(筆談)조차도 쉽지 않았을 것으로 판단하는 이유를 알 수 있습니다.

1.3.2. 자형(字形)의 변천

'馬(말 마)'자의 자형(字形) 문제를 통시적(通時的)인 변화, 즉 역사 시기의 순서에 따라서 확인해 보면, 자형(字形)상의 차이가 현격하게 나타난다는 사실을 알 수 있습니다. 제일 앞에 보이는 것이 지금으로부터 3,500여 년 전인 은(殷)나라 때 사용했던 갑골문(甲骨文)입니다. 두 번째는 주(周)나라 때 사용했던 금문(金文)의 '馬'자입니다. 그리고 다음으로는 진시황(秦始皇) 시기에 문자(文字) 통일의 결과로 나타난 소전체(小篆體), 그다음은 한(漢)나라 때 공식 글자체로 사용된 예서(隸書), 그리고 위진남북조(魏晉南北朝) 이후에 지금까지 사용하고 있는 해서(楷書)입니다. 정자(正字) 혹은 번체자(繁體字)로 분류되는 '馬'자와 간화자(簡化字) 혹은 간체자(簡體字)로 분류되는 '马'자 모두 해서(楷書)의 범주에 포함됩니다. 번체자(繁體字)든 간체자(簡體字)든 현재 공식 자체(字體)로 사용되고 있는 한자(漢字)는 모두 '해서(楷書)'로 분류됩니다.

甲骨文　　金文　　小篆　　隸書　　楷書

　위에서 '번체자(繁體字)든 간체자(簡體字)든'이라고 표현한 부분에 대해서는 다시 생각해야 할 사항이 있습니다. '번체자(繁體字)'의 비교 대상을 설정하기 위해서 '간체자(簡體字)'라는 용어를 사용했지만, '간체자(簡體字)'라는 용어는 통시적(通時的), 공시적(共時的)인 면에서 고려할 부분이 있습니다. '馬'자와 '马'자의 자형(字形)을 비교해서 서술하는 경우에, '马'자를 '간체자(簡體字)'로 지칭하기보다는 '간화자(簡化字)'로 지칭하는 것이 정확한 표현입니다. '간화자(簡化字)'는 1950년대 중반에 중화인민공화국(中華人民共和國)에서 공식 자체(字體)로 규정한 자형(字形)입니다. '간화자(簡化字)'를 공식 자체(字體)로 규범화하는 과정에서, '간화자(簡化字)'에 상대되는 개념의 번잡한 글자, 즉 '간화(簡化)'되지 않은 복잡한 형태의 글자를 '번체자(繁體字)'로 지칭했습니다. 그러다 보니, '번체자(繁體字)'와 '간체자(簡體字)'라는 대조 관계가 쉽게 떠오르게 되었던 것입니다. 지금도 중화인민공화국(中華人民共和國)의 공식 글자체를 '간체자(簡體字)'라는 용어로 지칭하는 경우가 흔히 보입니다. 하지만 '간체자(簡體字)'라는 명칭은 '정자(正字)'가 아닌 간략한 형태로 쓰는 글자를 통틀어서 지칭하는 개념으로서, 현대는 물론이고 고대에도 '정자(正字)' 이외에 편의상 간략한 자형(字形)으로 쓰는 경우가 적지 않았습니다. 우리나라에서도 '정자(正字)'가 아닌 간략한 자형(字形)으로 쓰는 '약자(略字)'나 '속자(俗字)'가 사용되었고 지금도 사용되고 있습니다. '약자(略字)'나 '속자(俗字)'는 일반적으로 '정자(正字)'보다 간략한 자형(字形)이므로, 이 역시 '간체자(簡體字)'의 범주로 이해할 수 있습니다. 이에 비해서 '간화자(簡化字)'라는 명칭은 현대 중국의 공식 글자체로 지정된 간략한 자형(字形)의 한자(漢字)를 지칭합니다.

'馬'라는 자형(字形)은 위의 그림처럼 시기별로 변화하는 모습을 볼 수 있습니다. 그런데 모두 다 '말'이라는 의미와 '마[ma]'에 해당하는 발음을 가지고 있습니다. 한자(漢字)는 형(形)·음(音)·의(義) 세 요소로 이루어져 있습니다. 글자의 형태인 형(形), 발음인 음(音), 의미인 의(義)입니다.

자형(字形)의 통시적(通時的)인 변화를 살펴보겠습니다.

'갑골문(甲骨文)'은 거북이의 등껍질이 아닌 배딱지에 조각칼로 새긴 것입니다. 아니면 물소나 말 같은 큰 짐승에서 표면이 널찍하게 나올 수 있는 넓적다리뼈라든지 골반뼈에 칼이나 뾰족한 도구로 새긴 글자입니다. 은(殷)나라 때의 도필(刀筆) 문자(文字)라고 지칭합니다. 딱딱한 뼈에 조각칼 같은 도구로 글자를 새겨 넣었으니, 얼마나 힘들었겠습니까?

'금문(金文)'은 금속에 새겨진 글자라고 하는데, 사실은 금속에 직접 새긴 것은 아닙니다. 금문(金文)의 제작 과정을 이해하기 위해서는, 먼저 청동기의 제작 과정을 살펴볼 필요가 있습니다. 왜냐하면 한자(漢字)의 발전 과정에서 지칭하는 '금문(金文)'은, 다른 시기보다는 특히 주(周)나라 시대의 청동기에 남아 있는 글자를 지칭하기 때문입니다. 청동기를 만드는 과정은 '놋쇠'라고도 부르는 '청동'을 가열해서 액화시킨 다음에, 만들고자 하는 그릇이나 솥 등의 모형 틀에 청동 용액을 부어 넣고 식혀서 틀의 모양으로 굳어지게 합니다. 이렇게 만들어진 것이 바로 청동기입니다. 그런데 이 금문(金文)은 청동기 자체에 바로 새긴 것이 아닙니다. 주물의 틀, 말랑말랑한 찰흙 따위로 만든 모형 틀에 새겨진 글자들입니다. 청동기를 만들기 위한 모형 틀이 딱딱하게 굳기 전 말랑말랑한 상태일 때 글자를 새깁니다. 새기고 나서 모형 틀이 딱딱하게 굳어진 후에 청동 용액을 붓고 식혀서 청동기로 만듭니다. 그러니까 금문(金文)은 청동기에 직접 새기는 것이 아니라 말랑말랑한 틀에 새기는 것입니다.

갑골문(甲骨文)과 금문(金文)의 제작 과정을 비교해서 설명한 이유는, 거북이 배딱지든 짐승의 뼈든 딱딱한 재질에 칼로 새긴 갑골문(甲骨文)이, 말랑말랑한 찰흙 틀에 꾹꾹 눌러 새긴 금문(金文)보다 더 복잡한 모양으로 새겨진 사실을 주목할 필요가 있기 때문입니다. 위의 그림에 나타난 바와 같이, 상형성(象形性), 즉 모양을 나타내는 요소가 갑골문(甲骨文)의 '馬'자에서 훨씬 더 복잡하게 나타납니다. '馬'자뿐만 아니라 다른 글자들의 예도 찾아볼 수 있습니다. '象(코끼리 상)'자라든지 '虎(범 호)'자 등 상형성(象形性)이 높은 글자 대부분은 갑골문(甲骨文)에서 더 복잡한 자형(字形)으로 나타납니다. 딱딱한 소재에 조각칼 같은 도구로 글자를 새기는 과정이 말랑말랑한 재질에 꾹꾹 눌러 새기는 과정보다 힘들고 어려웠을 텐데, 일반적으로 갑골문(甲骨文)보다는 금문(金文)의 자형(字形)이 더 간략한 모양으로 나타납니다. 또한 금문(金文)보다는 전서(篆書)·예서(隸書)·해서(楷書) 등으로 발전할수록 필획(筆劃)은 더 줄어들고 간략하게 변했습니다. 바로 시각 부호인 문자(文字)의 경제성에 입각한 언어의 통시적(通時的)인 변화 양상입니다. 동일하게 '말'이라는 의미를 부호로 나타낸다면 한 획이라도 더 줄이면 문자(文字)의 사용에서 더 편리한 것입니다. 문자(文字)의 발전이라는 의미는, 더 편리한 방향으로 변화했다는 뜻입니다. 문자(文字)의 발전 과정을 통해서, 언어의 경제성 추구와 통시적(通時的)인 변화를 확인할 수 있습니다. 형(形)·음(音)·의(義)가 계속 변화해 왔고 변화해 갈 것입니다.

1.3.3. 자의(字義)의 변천

의미도 변화합니다. 예를 들어, '走(달릴 주)'자는 사람이 뛰어가는 모습을 그려낸 상형(象形) 문자(文字)입니다. '走(zǒu)'는 원래 '뛰다, 달리다'라는 의미를 나타내는 용도로 만들어졌지만, 현대표준중국어[普通話]에서는 '걷다'라는 의미로 사용됩니다. '뛰다, 달리다'라는 의미는 '跑(pǎo)'가 대체하여 사용되고 있습니다. '走'는 몇몇 특별한 예에서 어휘(語彙) 구성상 여전히 '달리다'라는 의미로 사용되기도 합니다. '주마간산(走馬看山)'이나 '주행(走行)' 등에서는 '걷다'라는 의미가 아니라 '달리다'라는 의미로 사용된 예입니다. 하지만 일반적으로는 의미가 변화되어, '走'는 '걷다' 혹은 '떠

나다'라는 의미로 사용되고 있습니다. '脚(다리 각)'자도 고대에는 신체 중의 '다리' 전체를 지칭하는 용도로 사용되었지만, 현대표준중국어[普通話]에서는 발목 아랫부분의 '발'을 지칭하는 의미로 사용됩니다. 이처럼 의미의 변화 과정에서 알 수 있는 사실은, 언어를 사용하는 사용자, 즉 언중(言衆)의 언어 표현 과정에서 더 일반적인 표현 혹은 사용 빈도가 더 높은 방향으로 계속 변화한다는 것입니다.

1.4. 중국어의 음절(音節) 구조

1.4.1. 중국어 음절(音節) 구성의 3요소

자형(字形)·자음(字音)·자의(字義)라는 한자(漢字)의 구성 요소 중에서 '자음(字音)'에 초점을 맞추어 살펴보겠습니다. 중국어의 발음은 성모(聲母)·운모(韻母)·성조(聲調) 세 가지 요소로 분석할 수 있습니다. 성모(聲母)는 한 글자의 발음에서 가장 처음에 등장하는 요소로서 'I(Initial)'로 나타냅니다. 운모(韻母)는 개음(介音)·주요모음(主要母音)·운미(韻尾) 세 가지 구성 요소로 이루어져 있습니다. 개음(介音)은 성모(聲母)와 주요모음(主要母音) 사이에 '끼어 있다'라는 의미에서 '중개하다, 끼어들다'라고 할 때의 '개(介)'자를 써서 개음(介音)이라고 합니다. 개음(介音)은 'M(Medial)'으로 나타냅니다. 주요모음(主要母音), 즉 주요원음(主要元音)은 운모(韻母)를 구성하는 모음(母音) 중에서 가장 '주요(主要)'한 '모음(母音)'이며, 'V(Vowel)'로 나타냅니다. 운미(韻尾)는 한 글자의 발음에서 끝나는 부분으로 'E(Ending)'로 나타냅니다. 다시 정리하면, 운모(韻母)는 개음(介音)·주요모음(主要母音)·운미(韻尾)로 구성되어 있습니다. 또 한 가지 언급할 것은 성조(聲調)로 'T(Tone)'입니다. 성조(聲調)는 한 글자의 발음에서 성모(聲母)가 발음되기 시작하면서부터 운미(韻尾)로 끝날 때까지 전 영역에 걸쳐 높낮이의 변화로 발음을 구성하는 요소입니다. 성(聲)·운(韻)·조(調), 즉 성모(聲母)·운모(韻母)·성조(聲調)는 '음절(音節) 구성의 3요소'이고, 개음(介音)·주요모음(主要母音)·운미(韻尾)는 '운모(韻母) 구성의 3요소'입니다. 이 구조가 성운학(聲韻學)에서 가장 기본적인 틀이 됩니다. 전체적인 구도를 먼저 파악하는 것이 중요합니다.

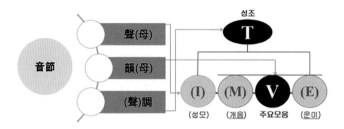

〈그림 1〉 중국어 음절(音節) 구성의 3요소

1.4.2. 원음(元音)·보음(輔音)

원음(元音)과 보음(輔音)이라는 용어가 있습니다. 우리에게는 모음(母音)과 자음(子音)이라는 용어가 더 익숙할 것입니다. 중국 언어학에서도 '자음(子音)'이라는 용어를 쓰기도 하지만 기본적으로는 '보음(輔音)'이라고 표현하는 경우가 더 많습니다. '자음(子音)'과 '보음(輔音)'은 동일한 개념입니다. 모음(母音)과 자음(子音), 엄마[母]가 있어야 아기[子]가 태어날 수 있지 않습니까? 일반적으로 자음(子音)은 스스로 발음을 만들어내지 못합니다. 'ㄱ·ㄴ·ㄷ·ㄹ' 등의 자음(子音)을 우리는 '기역·니은·디귿·리을'이라고 읽습니다. 그런데 사실은 자음(子音) 'ㄱ·ㄴ·ㄷ·ㄹ'은 그 자체로 발음이 되지는 않습니다. 자음(子音)은 모음(母音)의 도움을 받아야 발음이 됩니다. 'ㄱ'이라는 자음(子音) 자체로는 발음을 형성하지 못하기 때문에 모음(母音)의 도움을 받아서 발음되는 것입니다. 'ㄱ(기역)'이라는 자음(子音)은 ㅣ(이)라는 모음(母音)의 도움을 받아야 '기'라는 발음이 형성됩니다. 모음(母音)이 없으면 음파(音波)를 형성하지 못합니다. 혀의 가장 안쪽, 즉 혀뿌리로 목젖을 막아 누르는 것 같은 상태가 바로 'ㄱ(기역)'이라는 자음(子音)의 음가(音價)입니다. '학'자의 받침으로 쓰인 ㄱ을 발음하면 목젖이 눌러져 숨이 안 쉬어집니다. 그 상태가 'ㄱ(기역)'이라는 자음(子音)의 또 다른 음가(音價)입니다. 밖으로 소리가 나올 수 없습니다. 그래서 'ㄱ(기역)'이 받침으로 사용된 글자는 입성(入聲)으로 분류됩니다. 'ㄱ(기역)'이 ㅏ(아)라는 모음(母音)과 결합되면 '가', ㅗ(오)와 결합되면 '고'가 되는 것과 같이, 자음(子音) 단독으로는 음파(音波)를 발생시키는 발음이 되지 않지만, 모음(母音)의 도움을 받으면 '가'나 '고'와 같이 발음이 형성됩니다. 엄마 소리가 '모음(母音)'이고 아기 소리가 '자음(子音)'입니다. 중국 언어학에서 말하는 '원음(元音)'은 으뜸 소리라는 의미로, 그 자체가 소리를 만들 수 있습니다. '보음(輔音)'은 도와주는 소리, 혹은 도움을 받아야 발음되는 소리로, 원음(元音)을 도와서 서로 다른 발음으로 구별하는 역할을 하거나, 원음(元音)의 도움을 받아야 발음이 되는 소리입니다.

한 가지 기억할 점은, 보음(輔音) 중에도 스스로 음파(音波)를 형성할 수 있는 보음(輔音)이 있다는 사실입니다. 성대(聲帶)를 울리는 '유성음(有聲音)'으로, 현대표준중국어[普通話]에서는 'n·m·ng·l·r' 등이 있고, 우리말에서는 'ㄴ·ㄹ·ㅁ·ㅇ' 등이 있습니다. 예를 들어, ma에서 m은 원음(元音) a의 도움 없이도 그 자체로 음파(音波)를 형성할 수 있습니다. m은 자음(子音)이지만 콧소리, 즉 비음(鼻音)으로서 그 자체로 음파(音波)를 형성할 수 있습니다. 스스로 발음할 수 있다는 의미입니다. n이나 ng도 마찬가지로 비음(鼻音)입니다. 그래서 음역자(音譯字)나 감탄사로 'm(姆·嘸·唔·嘸)'이라든지 'n(哹·嗯·哽)'이나 'ng(嗯)' 등이 사용되는 경우도 있는 것입니다.

1.4.3. 성모(聲母)·운모(韻母)·성조(聲調)

중국 언어학 중 성운학(聲韻學) 영역에서는 발음의 구성 요소를 분석할 때 '성모(聲母)'와 '운모(韻母)'를 기본적인 대상으로 분석합니다. 성격상 '운모(韻母)'는 '원음(元音)'과 가깝게 느껴지고, '성모(聲母)'는 '보음(輔音)'과 가깝게 느껴집니다. 하지만 결코 동일한 개념이 아닙니다. 우리나라의 중국어 초급이나 입문 과정의 교재에서 발음 설명을 할 때, '성모(聲母)'나 '운모(韻母)'라는 용어에 익숙하지 않은 한국인 입장에서 좀 더 쉽게 접근할 수 있도록 유도하기 위해, '성모(聲母)'를 '자음(子音)'이라고 설명하고 '운모(韻母)'를 '모음(母音)'이라고 설명하는 경우도 있습니다. 물론 중국어를 처음 시작하는 초학자들을 위한 교재에서, 교학적인 효용 측면으로는 거리감을 줄일 수 있는 효율적인 방식이 될 수도 있지만, 학문적인 측면에서는 음소(音素)의 분류인 '자음(子音)·모음(母音)'과 음절(音節) 구성 요소로서의 '성모(聲母)·운모(韻母)'는 엄연히 범주가 다른 개념입니다. 예를 들어, 'ng'이라는 음소(音素)는 'n'이라는 자음(子音)과 'g'라는 자음(子音)이 합쳐진 것이 아니라, 한어병음자모(漢語拼音字母)에서 표기상의 편의를 위해 두 글자를 쓴 영어식 표현입니다. 이 'ng'이라는 음소(音素)는 '자음(子音)'으로 분류됩니다. 하지만 현대표준중국어[普通話]에서 'ng'은 '성모(聲母)'로 사용되지 않습니다. '자음(子音)'과 '성모(聲母)'를 동일시할 수 없는 이유입니다. 이 'ng'은 자음(子音)이지만 '운모(韻母)'를 구성하는 요소로 사용되기도 합니다. 'ang·iang·uang·ong' 등에서와 같이 '운미(韻尾)'로 사용되는 경우를 찾아볼 수 있습니다. 자음(子音) 'n'도 마찬가지로 '운모(韻母)'를 구성하는 '운미(韻尾)'로 사용되기도 합니다. 즉 '운모(韻母)'는 '모음(母音)'이 주축이지만 '자음(子音)'이 구성 요소로 사용되는 경우도 있습니다. '모음(母音)'과

'운모(韻母)'를 동일시할 수 없는 이유입니다.

성모(聲母)와 운모(韻母)는 한 음절(音節)에서 차지하는 위치 개념입니다. 한 글자를 발음할 때 맨 처음에 나오는 보음(輔音)을 성모(聲母)라고 합니다. 운모(韻母)는 개음(介音)·주요모음(主要母音)·운미(韻尾) 세 가지 요소로 구성되어 있습니다. 위에서 살펴본 바와 같이, 운미(韻尾)에는 자음(子音)이 사용되기도 합니다. 즉 운모(韻母)는 원음(元音)이 주축을 이루지만 보음(輔音)이 포함되는 경우도 있습니다. 성모(聲母)는 기본적으로 원음(元音)이 아닌 보음(輔音)이어야 자격이 되겠지만, 'ng'의 예와 같이 모든 보음(輔音)이 성모(聲母)가 될 수 있는 것은 아닙니다.

다음으로 성조(聲調)에 대해서 간략히 살펴보겠습니다. 흔히 말하기를, 현대표준중국어[普通話]에서 제1성의 음높이는 5-5라고 표현하고, 제2성은 3-5라고 표현하며, 제3성의 음높이는 2-1-4, 제4성은 5-1이라고 합니다. 인간이 발음하는 음높이를 1-2-3-4-5 다섯 등급으로 나누어 볼 때, 제1성의 음높이는 5에서 시작하여 계속 5로 유지된다고 표현하는 것입니다. 제2성의 음높이는 3에서 5로 변화하고, 제3성의 음높이는 2에서 시작해서 1로 떨어졌다가 다시 4로 올라가는 변화를 나타내고 있습니다. 제4성은 5에서 1로 떨어지는 변화입니다. 성조(聲調) 표시는 '55(제1성)·35(제2

성)·214(제3성)·51(제4성)' 등과 같이 숫자로 나타내기도 하고, 우리가 익히 알고 있는 바와 같이 한어병음자모(漢語拼音字母)에서는 '¯ (제1성)·′ (제2성)·ˇ (제3성)·ˋ (제4성)' 등의 표시를 사용하고 있습니다. 이 표시를 '성조부호(聲調符號)'라고 합니다.

중국어 음절(音節)을 구성하는 요소 중에서, 성조(聲調)는 중국어 발음의 대표적인 특징으로서, 우리말에는 없는 요소입니다. 그렇다면 성모(聲母)와 운모(韻母)는 우리말에서 어떤 요소에 해당할까요? '성모(聲母)'는 한글의 초성(初聲)에 해당하고, '운모(韻母)'는 한글의 중성(中聲) 혹은 중성(中聲)과 종성(終聲)이 합쳐진 경우에 해당합니다. 예를 들어, '대한민국'의 '대'자는 초성(初聲)과 중성(中聲)만 있고 종성(終聲)이 없습니다. 초성(初聲)인 'ㄷ'은 중국어 음절(音節)의 성모(聲母)에 해당하고, 중성(中聲)인 'ㅐ'는 운모(韻母)에 해당합니다. 다음으로 '한'자의 구성 요소인 'ㅎ·ㅏ·ㄴ'으로 대응 관계를 살펴보면, 초성(初聲)인 자음(子音) 'ㅎ'은 성모(聲母)에 해당하고, 중성(中聲)인 모음(母音) 'ㅏ'와 종성(終聲)인 자음(子音) 'ㄴ'이 합쳐서 운모(韻母)에 해당합니다. 물론 우리말의 구성 요소와 중국어 발음의 구성 요소를 동일한 선상에서 대응시킬 수는 없지만, 자음(子音)과 성모(聲母) 그리고 모음(母音)과 운모(韻母)의 개념 차이를 명확하게 파악하기 위해서는 중국어와 우리말의

음절 구조에서 각 요소가 담당하는 역할을 비교하는 것이 유효한
방법이 되겠습니다.

1.5. 음향(音響)·음성(音聲)·음운(音韻)

음향(音響)·음성(音聲)·음운(音韻)은 모두 '소리'를 분석할 때 사
용되는 개념이지만, 이들 사이에는 분명한 차이가 있습니다.

〈도표 1〉 音響·音聲·音韻 비교

	音響 sound	音聲 phone	音韻 phoneme
특성	자연의 소리	언어를 구성하는 소리	
	-	생리적·물리적·구체적 개인적·임시적·현실적	심리적·관념적·추상적 사회적·전통적·역사적
	비분절성	분절성 (여러 단위로 나누어지고 결합할 수 있는 특성)	
기능	의미 변별 기능 없음	의미 변별 기능 있음	
속성	-	소리의 최소 단위	
	-	음운의 음성적 실현 단위	의미 변별 기능을 구비한 소리의 최소 단위

한자와 성운학

'음향(音響)'은 '자연의 소리'가 대표적입니다. 소리의 구성 요소가 명확하게 나누어지지 않습니다. 즉 분절성(分節性)이 갖추어지지 않습니다. 자연의 소리뿐만 아니라 인간의 비명이나 기침 소리 등도 발음의 구성 요소가 명확하게 분절(分節)되지 않습니다. 이처럼 비분절성(非分節性) 소리인 '음향(音響)'과 달리, 언어로서의 '음성(音聲)'과 '음운(音韻)'은 분절음(分節音)으로서 구성 요소를 하나하나 나눌 수 있고, 각각의 요소를 다른 요소로 대체하여 구분할 수도 있습니다. 예를 들어, '소'라는 요소는 ㅅ(시옷)이라는 요소와 ㅗ(오)라는 요소로 나눌 수 있습니다. 마디마디 잘라낼 수 있습니다. 게다가 'ㅅ' 대신에 'ㄱ'으로, 혹은 'ㅗ'를 'ㅏ'로 대체하면 다른 요소가 됩니다. 즉 분절(分節)할 수 있습니다. 바로 분절성(分節性)입니다. 그래서 음성(音聲)과 음운(音韻)은 분절성(分節性)을 가지고 있고, 음향(音響)은 분절성(分節性)이 없다고 말합니다.

음성(音聲)과 음운(音韻)은 언어를 구성하는 소리이며 분절적(分節的)이라는 공통점이 있습니다. 차이점은, 음성(音聲)은 생리적이고 물리적인 반면, 음운(音韻)은 심리적이고 관념적입니다. 음성(音聲)과 음운(音韻)을 우리가 배우고 있는 중국어라는 틀에서 살펴본다면, 물리적 실체인 음성(音聲)을 연구하는 것이 음성학(音聲學)이고, 심리적 실체인 음소(音素)를 과학적으로 연구하는 언어학

<도표 2> 音聲, 音韻 간의 공통점과 차이점

	音聲 phone	音韻 phoneme
공통점	사람의 소리	
	소리의 최소 단위	
	분절성 : 여러 단위로 나누어지고 결합할 수 있는 특성	
차이점	생리적·물리적·구체적· 개인적·임시적·현실적 특성	심리적·관념적·추상적· 사회적·전통적·역사적 특성
	개인적 차이 (특정 대상을 발음할 때 사람마다 차이가 있음)	사회적 약속 (음성적 차이는 있지만 특정 음운 요소를 발음하는 같은 소리로 인식함)
	의미 변별 기능 없음 (의미와 무관, 뜻의 차이가 없음)	의미 변별 기능 있음 (의미 차이를 나타냄)
	실제 발음 기관을 통해 형성되는 소리	사람이 생각하고 있는 추상적인 소리
	음운의 음성적 실현 단위	변별적 기능을 지닌 소리의 최소 단위

의 하위 분야가 음운학(音韻學)입니다.

한국인 입장에서 성모(聲母)와 운모(韻母)를 설명할 때, 성모(聲母)는 국어의 초성(初聲)에 해당하고 운모(韻母)는 국어의 중성(中聲) 혹은 중성(中聲)과 종성(終聲)의 결합 형식에 해당한다고 언급한 바 있습니다. 우리말에서 종성(終聲)이 없는 글자들도 있지 않습니까? '소'자와 '리'자는 모두 종성(終聲)이 없고, '말'자는 ㄹ(리을)이라는 종성(終聲)이 있습니다. 중국어에서도 마찬가지입니다. 운미(韻尾)에 보음(輔音) 요소가 들어가 있으면 우리말의 종성(終聲)과 대응시킬 수 있습니다. 중국어의 운모(韻母)를 우리말과 대응시키면 중성(中聲) 혹은 중성(中聲) 더하기 종성(終聲)의 형태로 분석할 수 있다는 것입니다. 이런 틀에서 초성(初聲)·중성(中聲)·종성(終聲)이라는 구조와 성모(聲母)·운모(韻母)의 대응 관계를 파악하면 되겠습니다.

　중성(中聲)과 종성(終聲)에서, '中(가운데 중)'과 '終(끝날 종)'은 현대표준중국어[普通話] 발음으로 모두 동일하게 zhōng으로 읽는 동음자(同音字)입니다. 그러나 우리말 입장에서 보면, 하나는 중성(中聲)이 ㅜ(우)라는 모음(母音)이고 다른 하나는 ㅗ(오)라는 모음(母音)입니다. 우리말에서는 의미를 엄밀하게 구분하는 음운(音韻)적인 차이를 가지는 반면, 중국어에서는 음운(音韻)적인 차이를 가지고 있지 않습니다. 그래서 중국어에서는 '중'으로 발음하든 '종'으로 발음하든 동일한 요소로 알아듣습니다. 왜냐하면 중국어에서는 이 둘이 음운(音韻)적인 차이를 가지지 않기 때문입니다. 한국인 입장에서는 의도적이지는 않겠지만 '中'은 ㅜ 계열에 더 가깝게 인식하고 있다는 느낌이고, '終' 및 '鍾(쇠북 종)'은 ㅗ 계열에 더 가깝게 인식하고 있다는 느낌입니다. 우리 한자음(漢字音)의 영향을 떠올리면, 언어 간섭 현상이라고 볼 수 있습니다. 그래서 상이한 음성(音聲)적인 요소를 실험음성학(實驗音聲學)의 분석 기법인 스펙트로그램(spectrogram)으로 분석한다면 우리 한국인은 '웅'과 '옹' 계열로 구분되어질 경우가 더 많을 것입니다. 반대로 중국 국적의 유학생들 같은 경우에는 중국어 자체에서 '웅'과 '옹' 계열이 별도로 구분되지 않기 때문에, 우리말의 ㅜ 계열과 ㅗ 계열을 구분하는 데에 상당한 어려움을 겪고 있습니다. 중국어에서는 차이가 없는데 우리말에서는 음운(音韻)적인 차이가 존재하기 때문입니다. 음운(音韻)적인 차이가 없는 중국어에서는 동일한 음운(音韻) 요소로 간주한다는 뜻입니다. 그래서 인간이 내는 소리인 음성(音聲)의 물리적인 특성과 인지 등, 어떻게 발음하는지 그 자체만을 분석하는 것이 '음성학(音聲學)'입니다. 반면, '음운론(音韻論)'은 해당 언어 내부에서의 구조적인 약속 체계를 전제로 분석합니다. 즉 중국어라는 언어에서의 약속 체계는 ㅜ 계열과 ㅗ 계열을 구분하지 않는 것입니다.

우리말에서 'ㅍ'에 해당하는 요소가 영어에서는 'p'도 있고 'f'도 있습니다. 우리말에서는 구분이 안 되는 요소들입니다. 특히 'f'라는 요소는 우리말에서 'ㅍ'으로 옮기는 것도 가능하겠고, 'ㅎ'으로 옮기는 것도 가능할 것입니다. 물론 외래어 표기 규칙에서

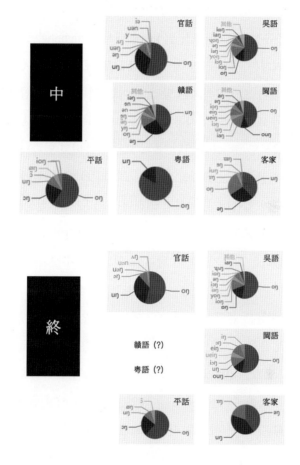

〈그림 2〉 현대 중국어 방언 중 '中'과 '終'의 음가

는 "원어가 'f'로 시작하는 말은 'ㅎ'이 아니라 'ㅍ'으로 적어야 한다."라고 규정하고 있지만, 일상생활에서는 'fighting'을 '파이팅'으로 표기하는 경우도 있고, '화이팅'으로 표기하는 경우도 있습니다. 외래어 표기 규칙과는 달리 '파이팅/화이팅'의 줄임말로 '홧팅'이라는 표현이 널리 사용되고 있으며, 이를 초성으로 줄여 표현하는 형식도 'ㅍㅌ'이 아닌 'ㅎㅌ'으로 통용되고 있습니다. 또한 과일 맛 탄산음료 브랜드인 'Fanta'는 '판타'가 아닌 '환타'로 상표 등록이 되어 있습니다. 이처럼 외래어 표기 규칙과 실생활에서의 활용 양상에 혼동이 발생하게 된 원인은, 우리말의 음운체계에서 'f'에 대응하는 요소가 'ㅍ'이 될 수도 있고 'ㅎ'이 될 수도 있는, 즉 한 요소만을 일대일로 대응시킬 수 없기 때문입니다.

　이런 예들은 중국어 방언(方言)에서도 확인해 볼 수 있습니다. 중국어 발음을 확인할 수 있는 관련 사이트[4]에서는 한 글자의 발음을 성모(聲母)적인 요소, 운모(韻母)적인 요소, 성조(聲調)적인 요소별로 찾아볼 수 있습니다. 각 방언(方言)에서 해당 글자의 해당 운모(韻母)가 어떤 비율로 사용되고 있는지 국제음성기호(國際音聲記號)로 나타낸 것입니다. 음성학(音聲學)적인 측면에서 본다면,

---

4　東方語言學 http://eastling.org

중국에서 음운(音韻)적으로 동일한 '中' zhōng을 발음했을 때 현대 표준중국어[普通話]의 뿌리가 되는 북방관화(北方官話) 지역에서도 음성(音聲)적으로 -ung[-uŋ]으로 실현되는 경우와 -ong[-oŋ]으로 실현되는 경우가 가장 많은 비율을 차지합니다. 전체적으로 볼 때, 관화(官話)·오방언(吳方言)·민방언(閩方言)·월방언(粤方言)·평화(平話)에서는 [-oŋ] 계열이 우세하게 나타났고, 감방언(贛方言)과 객가방언(客家方言)에서는 [-uŋ] 계열이 우세하게 나타났습니다. [-oŋ] 계열이든 [-uŋ] 계열이든 중국어 내부에서는 음운론(音韻論)적으로 동일한 요소로 간주하고 있으나, 음성학(音聲學)적으로는 이렇게 차이를 가지고 있다는 것입니다. '終'자도 마찬가지입니다. 관화(官話)·오방언(吳方言)·민방언(閩方言)·평화(平話)에서 모두 [-oŋ] 계열이 우세하게 나타났고, 객가방언(客家方言)에서만 [-əŋ] 계열과 [-uŋ] 계열이 유사하게 나타났습니다.

또 다른 예로 爸爸 bàba [pa⁵¹ ba¹], 弟弟 dìdi [ti⁵¹ di¹], 哥哥 gēge [kɤ⁵⁵ gə²] 이런 단어의 경우, 중국어 입장에서 보면 두 글자가 동일하므로 모두 음운(音韻)적으로 동일한 요소로 인식합니다. 중국어는 된소리인 경음(硬音)과 예사소리(여린소리)인 평음(平音)[軟音] 간에 구분이 없는 언어이기 때문입니다. 반면, 우리말은 된소리와 여린소리를 음운론(音韻論)적으로 명확하게 구분하고 있습니다.

따라서 한국인 입장에서 우리말의 시각으로 보면 둘 간의 명확한 차이를 인식할 수 있습니다(爸爸 바바 vs 빠바, 弟弟 디디 vs 띠디, 哥哥 거거 vs 꺼거). 하지만 중국어로는 爸爸라는 단어를 억지로 '빠빠'처럼 둘 다 ㅃ(쌍비읍)으로 발음하더라도 틀린 발음으로 인식하지 않습니다. 반대로 '바바'라고 발음해도 동일한 발음으로 인식합니다. 弟弟와 哥哥도 마찬가지입니다. 사실은 발화자(發話者)의 발음에 대한 인식과 실제 발음에서는 차이가 있습니다. 각 음절(音節)의 발음에서 '성조(聲調)'의 차이에 따른 발음의 구현 양상에 차이가 나타나기 때문입니다.

　이후에 성조(聲調) 부분에서 살펴볼 텐데, 제4성의 음높이는 5에서 1로 뚝 떨어집니다. 보통의 음높이를 3으로 가정한 것이니, 5는 인위적으로 상당히 높여서야 그 음높이가 됩니다. 인위적으로 끌어올리다 보니 성대(聲帶)가 긴장하게 됩니다. 성조(聲調)의 발음은 성모(聲母)의 발음과 함께 시작되기 때문에, 제4성의 5라는 음높이로 인해서 성대(聲帶)가 긴장된 상태로 성모(聲母)의 발음을 시작하다 보니 긴장된 소리인 된소리가 나고, 반대로 음높이가 낮은 쪽에서 나는 발음들은 상대적으로 여린소리로 나타나게 되는 이치입니다. 제3성은 음높이가 2-1-4이기 때문에 낮은 음을 낼 때는 된소리로 발음하기가 힘듭니다. 음성학(音聲學)적으로 결합할 수 없는 발음입니다. 그래서 동일한 성모(聲母)를 발음할 때, 해당 음절(音節)이 제1성 혹은 제4성일 때는 시작되는 음높이가 가장 높은 위치의 5이기 때문에 된소리로 발음된다는 것이 음성학(音聲學)적으로 설득력을 가집니다. 하지만 제2성이나 제3성 그리고 약화된 발음인 경성(輕聲)은 여린소리로 나타납니다. 제4성과 경성(輕聲)의 음절(音節)로 발음되는 '爸爸'는, 우리 한국사람 입장에서 '빠빠'가 아닌 '빠바'로, 즉 한 글자는 된소리로 한 글자는 여린소리로 인식하게 되는 것입니다.

우리말의 음운(音韻) 체계에서는 된소리와 여린소리가 명확히 구분됩니다. '빵'과 '방'이 다르듯이 '꿀'과 '굴'도 다른 음절(音節) 다른 어휘(語彙)가 됩니다. 우리말에서 음운(音韻)적인 차이를 가지기 때문에 모국어의 영향, 즉 모국어 간섭 현상으로 인해 중국어를 학습할 때도 중국어 음운(音韻) 체계에서는 동일시되는 이러한 요소를 다르게 받아들이는 것입니다. 중국어 시각에서 보면 음성(音聲)적인 차이는 있지만 음운(音韻)적인 차이는 없는데, 우리말로는 음운(音韻)적인 차이를 가지고 있는 요소입니다. 음운(音韻)과 음성(音聲)은 이러한 구분법으로 정리하겠습니다.

지금까지 살펴본 내용을 간략하게 정리하면 다음과 같습니다.

한자(漢字) 구성의 3요소는 형(形)·음(音)·의(義)이고, 중국어 음절(音節) 구성의 3요소는 성(聲)·운(韻)·조(調)입니다. 성(聲)·운(韻)·조(調)는 성모(聲母)·운모(韻母)·성조(聲調)를 줄여서 지칭한 것입니다. 그리고 운모(韻母)를 구성하는 3요소는 운(韻)의 머리인 두(頭), 배인 복(腹), 꼬리인 미(尾), 즉 운두(韻頭)·운복(韻腹)·운미(韻尾)입니다. 운모(韻母)에서 가장 먼저 등장하는 부분인 운두(韻頭)는 성모(聲母)와 운복(韻腹) 사이에 끼어들어 있으므로 다른 말로 개음(介音)이라고 합니다. 운복(韻腹)은 배처럼 가장 중간에 있고 가장 중요한 부분이어서 주요모음(主要母音)이라고 합니다. 주요모음(主要母音)과 주요원음(主要元音)은 동일한 용어입니다. 운미(韻尾)는 소리를 거두어들이는 개념으로 수음(收音)이라고도 합니다. 통상적으로 운두(韻頭)·운복(韻腹)·운미(韻尾), 혹은 개음(介音)·주요모음(主要母音)·운미(韻尾)라는 용어를 많이 씁니다. 영문 약칭을 살펴보면, 가장 먼저 등장하는 성모(聲母)는 I(Initial)입니다. 성모(聲母) 다음의 운모(韻母)는 F(Final)인데 개음(介音)·주요모음(主要母音)·운미(韻尾)로 구성되어 있습니다. 개음(介音)은 M(Medial), 주요모음(主要母音)은 V(Vowel), 운미(韻尾)는 E(Ending)라고 부릅니다. 성모(聲母)부터 운미(韻尾)까지 두루 걸쳐서 발음되는 성조(聲調)는 T(Tone)입니다. 중국어 발음의 구성 요소를 분석하

한자와 성운학

는 기본적인 틀이 됩니다. 이 내용이 성운학(聲韻學)의 처음과 끝입니다. 이 틀을 가지고 통시적(通時的)으로 그리고 공시적(共時的)으로 분석해 나가면 됩니다.

　이제는 한 글자를 보면 그 글자의 발음을 쪼개어 보는 연습을 해야 합니다. 그것이 바로 분석입니다. 예를 들어, '光(빛 광)'자 guāng은 g-u-a-ng(제1성)으로 분석되고, '簡(대쪽 간)'자 jiǎn은 j-i-a-n(제3성)으로 분석되며, '懷(품을 회)'자 huái는 h-u-a-i(제2성)로 각각 분석됩니다. 여기에서 맨 앞에 위치하는 보음(輔音)인 g·j·h가 성모(聲母)이고, 성모(聲母) 뒷부분이 모두 운모(韻母)입니다. 개음(介音)·주요모음(主要母音)·운미(韻尾)가 모두 갖추어진 글자로 예를 들었습니다. 운모(韻母) 중 앞에 위치하는 u·i·u가 개음(介音)이고, 그 다음인 a·a·a가 주요모음(主要母音)이며, 마지막에 위치하는 ng·n·i가 운미(韻尾)입니다. guāng과 jiǎn은 보음운미(輔音韻尾)이고, huái는 원음운미(元音韻尾)입니다. huái 같은 경우, 운모(韻母)가 u·a·i 3개의 원음(元音)만으로 구성되어 있고 보음(輔音)이 없습니다. guāng의 운미(韻尾) ng은 n과 g 두 개의 요소가 아니고 ng[ŋ]이라는 하나의 요소입니다. 이렇게 한자(漢字)를 보면 그 글자의 발음이 무엇인지, 그리고 그 발음에서 성모(聲母)는 무엇이고 운모(韻母)는 무엇이며 운모(韻母) 내부는 또 어떤 식으로 구성되어 있느지 분석할 수 있어야 합니다. gang과 guang 두 발음의 차이는 무엇입니까? 다른 요소는 같고 개음(介音)에서만 차이가 있습니다. 즉, 성모(聲母)·주요모음(主要母音)·운미(韻尾)는 똑같고, gang에는 개음(介音)이 없지만 guang에는 개음(介音) u가 있습니다. 비교 대상에서 두 글자의 발음이 어떻게 다른지, 어떤 식으로 변화해 왔는지, 무엇이 변했는지 등에 대해서 구체적으로 분석의 틀을 가지고 해답을 찾아낼 수 있어야 됩니다.

중국어 음절(音節) 구조에서 성조(聲調)와 주요모음(主要母音)은 반드시 있어야 하는 필수 요소입니다. 쉽게 얘기하면, 감탄사로 쓰이는 '啊 ā', 숫자 '一 yī', '五 wǔ' 등은 모두 주요모음(主要母音)과 성조(聲調)만 있고 그 외 요소인 성모(聲母)·개음(介音)·운미(韻尾)는 없습니다. 한어병음자모(漢語拼音字母)의 형식에 현혹되면 안 됩니다. '一 yī'의 경우에 알파벳 두 글자인 yi로 표시했지만, y는 성모(聲母)가 없는 영성모(零聲母)일 때 다른 글자와 뒤섞이는 것을 방지하기 위한 표시일 뿐입니다. y는 빈자리 표시이지 실제 발음을 나타내는 것은 아니므로, 실제 발음 요소는 i 하나밖에 없습니다. 성모(聲母)도 없고 개음(介音)도 없고 운미(韻尾)도 없습니다. i 앞에 a가 붙으면 ai가 되고, i 뒤에 a가 붙으면 ia가 됩니다. 정리하면, 주요모음(主要母音)과 성조(聲調)는 중국어 음절(音節) 구조에서 필수적인 요소이며, 이 두 요소가 없는 글자는 존재할 수가 없다는 것입니다.

사실 일반적이지는 않지만 예외 현상도 존재합니다. 앞에서 예로 들었던 음역자(音譯字) 혹은 감탄사인 '姆·呣·唔·嘸'([m]), '哏·嗯·哽'([n]), '嗯'([ng]) 등은 소형 사전(辭典)에는 나오지도 않는 글자들인데, 원음(元音)이 없이 보음(輔音)만으로 음절(音節)이 구성되는 예입니다. m·n·ng 이 보음(輔音)들은 비음(鼻音)으로서 그 자체가 음파(音波)를 형성하는 유성음(有聲音)이기 때문에, 원음(元音)의 도움을 받지 않아도 발음이 가능합니다. 성대(聲帶)의 떨림을 동반해서 스스로 음파(音波)를 형성할 수 있는 보음(輔音)이 바로 유성음(有聲音)입니다. 유성음(有聲音)은 우리말에도 있습니다. ㄴ(니은)·ㄹ(리을)·ㅁ(미음)·ㅇ(이응) 등이 유성음(有聲音)입니다. 현대 표준중국어[普通話]의 성모(聲母) 중에는 m·n·r·l 이 네 가지 보음(輔音)이 유성음(有聲音)입니다. 중국어 음절(音節) 구조에서 주요모음(主要母音)과 성조(聲調)는 필수 요소인데, 이 예들은 주요모음(主要母音)이 없는 예외적인 현상에 속합니다.

1.6. 중국어 발음 표기법의 역사

다음으로 중국어 발음 표기법의 역사를 살펴보겠습니다. 고전 문헌에서도 보면 글자의 발음을 표기한 경우가 있습니다. 통행(通行)의 '行(행)'자와 형제간의 항렬(行列)이라고 할 때의 '항(行)'자를 예로 들 수 있습니다. 동일한 글자이지만 '행'으로 읽어야 할지 '항'으로 읽어야 할지, 발음에 따라서 의미가 달라지는 경우들이 있습니다. 특히 중국어에서는 성조(聲調)에 따라서 의미가 달라지는 경우가 많습니다. '釘(못 정)' 같은 경우, 제1성 dīng으로 읽으면 명사인데 제4성 dìng으로 읽으면 품사 자체가 바뀌어 동사입니다. 이런 예는 고전 문헌에 많이 나옵니다. '王天下'는 온 천하에서 왕 노릇을 하는 것, 즉 천하를 제패한다는 의미입니다. 여기에서 '王'은 일반적인 왕, 어느 지역의 수장이라는 개념으로서의 명사 wáng으로 발음하는 것이 아니라, 동사인 wàng으로 발음해야 합니다.

1.6.1. 비황(譬況)·독약(讀若)·직음(直音)

이런 식으로 발음을 나타낼 필요가 있는 경우에, 지금처럼 한어병음자모(漢語拼音字母)나 주음부호(注音符號)를 사용할 수 있다면 간단하게 나타낼 수 있겠지만, 고대에는 주음부호(注音符號)나 한어병음자모(漢語拼音字母)나 국제음성기호(國際音聲記號) 같은 발음 표기법이 없었습니다. 그러다 보니 발음을 나타낼 경우에는 비황법(譬況法)이라는 방식으로 발음을 설명하는 경우도 있었습니다. '비(譬)'자는 비유(比喩)하다, 빗대어서 설명한다는 의미이고, '황(況)'자는 그 상황으로써 (비유하여) 설명하는 것을 말합니다. 따라서 '비황(譬況)'이라는 것은 발음 방법이나 상황을 비유해서 해당 글자의 발음을 나타내거나 발음 방법을 서술하여 설명하는 방식을 가리킵니다. 예를 들면, 『공양전·희공18년(公羊傳·僖公十八年)』에 "春秋伐者爲客, 伐者爲主."라는 구절이 있습니다. '벌(伐)'자가 두 번 나오는데, 현대표준중국어[普通話]로는 fá라는 하나의 독음밖에 없지만, 고대에는 독음이 달랐음을 문헌을 통해 알 수 있습니다. 다시 말하면, 『설문해자(說文解字)』 단주(段注) '伐'자 항목에 따르면, 하휴(何休)라는 학자가 이 구절에 대해서 이렇게 설명하고 있습니다. "伐人者爲客, 讀伐長言之. 見伐者爲主, 讀伐短言之. ['타인을 침범하는 사람은 객이다.'에서 伐자는 길게 읽는다. '침범을 당하는 사람은 주인이다.'에서 伐자는 짧게 읽는다.]" 길게 읽고 짧게 읽는 것이 발음상에 어떤 차이를 가지는지 지금의 개념으로는 명확히 이해할 수가 없습니다. 이처럼 비황법(譬況法)은 표현 자체가 '천천히 읽고[緩讀], 급하게 읽고[急讀], 짧게 읽고[短言], 길게 읽고[長言]' 등과 같이 추상적인 경우가 많아서, 구체적인 발음을 파악하기는 어렵습니다. 추상적이고 주관적인 한계는 있지만, 발음 기호가 없었던 고대에 한자(漢字)의 발음을 묘사하는 다양한 방법이 시도되었다는 사실에서 의미가 있습니다.

그다음은 독약법(讀若法)과 직음법(直音法)입니다. 독약법(讀若法)은 문헌에 따라서 독약(讀若)·독여(讀如)·독왈(讀曰)·독위(讀爲) 등 다양한 표현으로 나타나는 경우도 있으므로 독약법(讀若法)·독여법(讀如法)·독왈법(讀曰法)·독위법(讀爲法)으로 세분화해서 지칭하기도 하지만, 의미와 역할은 대동소이하므로 이 부류 전체를 '독약법(讀若法)'으로 통칭하기도 합니다. 독약법(讀若法)으로 발음을 나타내는 형식은 "A, 讀若B", 즉 'A라는 글자는 B처럼 읽으시오.'라는 뜻입니다. "A, 讀若B" 형식으로 표현된 경우도 있고, "A, 讀如B"·"A, 讀曰B"·"A, 讀爲B" 등과 같은 형식으로도 나타납니다. 'A라는 글자는 발음을 B처럼 읽어야 한다.'라고 설명하는 방식입니다. 직음법(直音法)도 같은 맥락이지만, 표현 방식에서 차이가 있습니다. "A, 音B", 즉 'A라는 글자는 발음이 B이다.'라는 뜻입니다. 직음법(直音法)이나 독약법(讀若法)은 동음자(同音字)나 유사한 발음의 글자를 이용해 발음을 나타내는 방식이므로, 표면적인 형식은 간단해 보이기도 하지만, 발음을 나타내는 B에 해당하는 글자를 제시하는 데 주관적인 판단이 개입될 수밖에 없습니다. 게다가 어떤 경우에는 B의 발음을 알기 어려운 폐단도 있습니다.

비황법(譬況法)·독약법(讀若法)·독여법(讀如法)·독왈법(讀曰法)·독위법(讀爲法)·직음법(直音法) 등에서 나타나는 공통점은 바로 '객관성'의 결여입니다. 즉 발음 표기를 위한 설명 방식이나 동음자(同音字) 혹은 유사한 발음의 글자를 선정하는 과정에서, 누구나 공감할 수 있는 객관적인 설명과 글자의 선정이 아닌, 필자의 '주관성'에 따르는 폐단이 발생할 수 있습니다. 직음법(直音法)의 사례 중에서 "海, 音醢"라는 예가 있습니다. '海자의 발음은 醢이다.' 즉, '海(바다 해)'자의 발음을 나타내기 위하여 '醢(젓갈 해)'자를 사용한 예입니다. 이러한 발음 표기를 기재한 필자 입장에서는 '醢'자가 익숙한 글자일지도 모르겠지만, 독자 입장에서는 '醢'자가 생소할 수도 있습니다. 오히려 '海'자의 발음을 익히 알고 있지만, "音醢"라는 표현 때문에 발음을 고민하게 되는 경우도 발생할 수 있습니다. 이러한 한계로 인해서 비황법(譬況法)이나 독약법(讀若法)·직음법(直音法) 등은 '주관성'에 근거한 발음 표기 방식이라는 평가를 받습니다.

1.6.2. 반절(反切)

비황법(譬況法)이나 독약법(讀若法)과 직음법(直音法) 등의 '주관성'이라는 한계를 극복하고 사용상의 편의성을 제고하기 위하여, 반절법(反切法)이라는 새로운 발음 표기법이 고안되었습니다. 반절법(反切法)은 '두 글자로 한 글자의 발음을 나타내는' 방식입니다. 동음자(同音字) 혹은 유사한 발음의 글자로 특정 글자의 발음을 나타내는, 즉 '한 글자로 한 글자의 발음을 나타내는' 독약법(讀若法)이나 직음법(直音法)보다 표면적으로는 복잡하게 보일 수도 있지만, '주관성'이라는 한계에 비하여 객관성과 체계성이 구비된, 한층 더 발전된 형식의 발음 표기법입니다. 일반적으로 비황법(譬況法) 후에 독약법(讀若法)과 직음법(直音法) 등이 성행하다가, 한(漢)나라 말기 이후 위진남북조(魏晉南北朝) 시기부터 반절법(反切法)이 활용되기 시작한 것으로 추정합니다.

반절법(反切法)이 창안된 시기와 배경에 대해서는 여러 가지 견해가 있지만, 한(漢)나라 시기의 '불교' 전래를 대표적인 요인으로 꼽을 수 있습니다. 인도(印度)로부터 불교의 전래와 더불어 불경이 유입되면서, 범어(梵語) 혹은 범자(梵字)라고 하는 산스크리트(Sanskrit)를 접하게 되었습니다. 산스크리트(Sanskrit)는 자음(子音)과 모음(母音)으로 구성된 표음문자(表音文字) 체계입니다. 표음문자(表音文字)의 원리를 이해하게 되면서 한자(漢字)의 발음에 대한 인식도 새로운 국면을 맞이하게 된 것입니다. 산스크리트(Sanskrit)에 대한 이해를 바탕으로, 한 글자의 발음을 '앞부분'과 '뒷부분', 즉 '앞소리'와 '뒷소리'로 분석하는 인식이 형성될 수 있었고, 이러한 인식은 '앞소리'와 '뒷소리'를 합해서 한 글자의 발음을 나타내는 '반절법(反切法)'으로 정착됩니다. 불교의 전래를 통한 불경의 유입, 불경을 기록한 산스크리트(Sanskrit) 학습과 이해, 산스크리트(Sanskrit)의 영향으로 한자(漢字)의 발음에 대한 새로운 인식의 형성, 한자(漢字)의 '앞소리'와 '뒷소리'에 대한 분석 능력 생성 등의 과정을 거쳐 '반절법(反切法)'이 창안될 수 있었으니, 반절법(反切法)이 형성된 배경은 '불교'의 전래와 직접적으로 관련이 있는 셈입니다. 한편, 고대 문헌에서는 반절법(反切法)의 창안과 관련해서 위(魏)나라의 손염(孫炎)이라는 인물을 거론하는 경우도 있습니다. 손염(孫炎)이 반절법(反切法)을 창시하였다는 견해인데, 이러한 기록을 정확한 사실(史實)로 판단하기에는 무리가 있습니다. 왜냐하면 손염(孫炎) 이전에도 각종 문헌에서 산발적이기는 하지만 반절(反切)의 원리로 한자(漢字)의 발음을 표기한 기록을 찾아볼 수 있고, 반절법(反切法)이 특정 인물에 의해서 '창시'되었다고 가정하기보다는, 한자(漢字)의 '앞소리'와 '뒷소리'에 대한 인식을 바탕으로 많은 사람들의 다양한 시도와 활용 과정을 거쳐 정착되었을 것으로 추정되기 때문입니다. 반절법(反切法)이 한자(漢字)의 표음(表音) 방법으로 시도되던 초창기에 손염(孫炎)이라는 학자가 다양한 저서에서 반절(反切)을 적극적으로 활용하여 널리 보급한 것으로 이해하면 되겠습니다.

아래 그림에서는 "冬, 都宗切"이라는 반절(反切)을 예로 들어, 각 구성 요소의 역할과 발음이 표기되는 원리를 나타내고 있습니다.

반절법(反切法)의 구성 요소는 '피절자(被切字)'와 '반절상자(反切上字)', '반절하자(反切下字)'입니다. 그리고 발음 표기 형식으로서의 '반절(反切)'임을 나타내는 '절(切)'자로 이루어져 있습니다. 위 그림에 나타난 바와 같이, "冬, 都宗切"에서 '冬'자는 피절자(被

切字)이고, '都'자는 반절상자(反切上字), '宗'자는 반절하자(反切下字)입니다. '피절자(被切字)'는 반절(反切)을 당하는[被] 글자, 즉 반절(反切)로 발음이 표기되는 글자입니다. "冬, 都宗切"에서는 반절상자(反切上字) '都'의 앞소리인 'd'와 반절하자(反切下字) '宗'의 뒷소리 'ōng'을 결합하여, 피절자(被切字) '冬'의 발음 'dōng'을 나타내는 구조입니다. 한 글자의 발음에서 '앞소리'를 '성(聲)'이라고 하고, '뒷소리'를 '운(韻)'이라고 합니다. 다시 말하면, '반절상자(反切上字)'는 '피절자(被切字)'의 '성(聲)'을 나타내고, '반절하자(反切下字)'는 '피절자(被切字)'의 '운(韻)'을 나타냅니다. '앞소리'인 '성(聲)'은 '성모(聲母)'라고 판단해도 무방하지만, '뒷소리'인 '운(韻)'은 '운모(韻母)'와는 다른 개념입니다. '운(韻)'은 '운모(韻母)'의 대부분과 '성조(聲調)'가 포함된 개념입니다. 여기에서 말하는 '운모(韻母)의 대부분'은, 운모(韻母) 구성의 3요소 중에서 운두(韻頭)를 제외한 운복(韻腹)과 운미(韻尾)라고 판단하면 되겠습니다. 반절법(反切法)이 창안되고 정착되던 당시에는 운모(韻母)라는 개념도 없었고, 운모(韻母)의 구성 요소를 운두(韻頭)·운복(韻腹)·운미(韻尾)로 세분화하는 이론은 시도되지도 못했던 시절입니다. 한자(漢字)의 발음을 '앞소리'와 '뒷소리'로 분석하는 것만으로도 획기적인 발전으로 평가받는 '고대(古代)'입니다. 반절(反切)의 구성 요소인 '반절상자(反切上字)'와 '반절하자(反切下字)'의 발음 표기 역할을 근현대(近現代)의 학자들이 연구한 결과, '반절상자(反切上字)'는 '피절자(被切字)'의 성모(聲母)를, '반절하자(反切下字)'는 '피절자(被切字)'의 운(韻), 즉 '운복(韻腹)·운미(韻尾)·성조(聲調)'를 나타내는 구조임을 파악할 수 있었습니다. '반절상자(反切上字)'와 '반절하자(反切下字)'는 각각 '상자(上字)'·'하자(下字)' 혹은 '절상자(切上字)'·'절하자(切下字)'라고도 합니다. 그렇다면 왜 '上'과 '下'로 구분했을까요? 이렇게 지칭하게 된 이유는, 고대의 서적에서 글자를 쓰거나 새기는 형식으로부터 비롯된 것입니다. 현대에는 일반적으로 '가로쓰기' 형식이지만, 고대에는 '세로쓰기' 형식이었습니다. '세로쓰기'에서는 위[上]에서 아래[下]로 진행됩니다. 그래서 '피절자(被切字)'의 발음을 나타내는 '반절자(反切字)' 중에서 '앞소리'인 '성(聲)'을 나타내는 '앞' 글자가 위[上]에 위치하게 되고, '뒷소리'인 '운(韻)'을 나타내는 '뒤' 글자는 아래[下]에 위치했던 것입니다. 즉, '반절자(反切字)'의 '上'과 '下'라는 구분은 현대적인 기준에서는 '前'과 '後'에 해당하는 개념입니다.

위에서 언급했던 바와 같이, "冬, 都宗切"이라는 반절(反切)에서 '切'자는 '都'와 '宗' 두 글자가 '반절자(反切字)'임을 나타내는 표시입니다. 이 '切'자는 당(唐) 중엽(中葉) 이후부터 나타나기 시작한 형식입니다. 그 이전에는 '절(切)'자 대신 주로 '반(反)'자가 사용되었고, 간혹 '번(飜)'자가 사용된 경우도 있었습니다. 그러므로 '某某切'이라는 형식은 당(唐) 중엽(中葉) 이후에 나타난 형식이고, 그 이전에는 '某某反' 혹은 '某某飜' 형식으로 사용되었다고 추정할 수 있습니다. 이런 변화가 발생하게 된 원인은, 당(唐)의 11대 대종(代宗, 762-779)이 집권하던 시기에 각지의 반란(反亂)이 끊이지 않았기 때문에 '反'자만 들어도 짜증스러웠던 대종(代宗)이 '反'자의 사용을 금지하였고, 이때부터 발음 표기 형식을 나타낼 때는 '反'자 대신 '切'자를 사용하게 되었다고 합니다. 이 때문에 역대 문헌에서는 '某某反(某某飜)'으로 표기된 경우도 있고 '某某切'로 표기된 경우도 있으므로, 후대에는 '反'자와 '切'자를 합하여 '反切'이라고 지칭하게 되었습니다.

반절법(反切法)은 주음부호(注音符號)가 정식으로 공포된 1918년까지 거의 2천여 년 동안이나 고대의 각종 문헌에서 한자(漢字)의 발음을 표기하는 대표적인 방식으로 사용되었으니, 가장 오랜 기간 동안 가장 널리 사용된 한자(漢字) 표음(表音) 방법이라고 할 수 있습니다. 그런데 오랜 기간에 걸쳐 사용된 만큼, 역사의 흐름에 따라 '반절자(反切字)'에 변화가 발생한 경우도 있습니다. 즉, 동일한 '피절자(被切字)'의 발음을 나타내는 '반절상자(反切上字)'와

'반절하자(反切下字)'가 다른 글자로 대체되어 표기된 경우가 나타나기도 합니다. 이러한 '반절자(反切字)'의 변화는 한자(漢字)의 발음 변화를 반영하는 기록으로서, 성운학(聲韻學) 연구의 중요한 자료로 활용됩니다.

지난 시간까지 성운학(聲韻學)의 기본적인 내용을 살펴보았습니다. 오늘은 성모(聲母) 부분을 살펴보는 시간입니다. 성모(聲母)의 분류와 통시적(通時的) 변화에 초점을 맞춰 진행하겠습니다.

제2장

성모(聲母)

2.1. 성모(聲母)의 개념

> **聲母**
>
> - 중국어 音節 構成 3요소의 하나로서, 音節의 가장 앞부분에 위치하는 輔音(子音) 성분
> - 輔音(子音): 發音器官을 통해 내는 소리 중, 구강 내의 특정 부위(發音部位)가 완전히 차단되거나, 혹은 숨결이 간신히 지나갈 만큼 좁혀지는 등의 장애를 받으면서 나는 소리

한자(漢字)는 형(形)·음(音)·의(義)로 구성되어 있고, 중국어 음절(音節)은 성(聲)·운(韻)·조(調)로 구성되어 있습니다. 이처럼 성모(聲母)는 중국어 음절(音節) 구성 3요소 중의 하나이며, 음절(音節)의 가장 앞부분에 위치합니다. 음절(音節)이 무엇입니까? 음절(音節)은 소리마디입니다. 중국어에서는 한 글자가 하나의 소리마디, 즉 하나의 음절(音節)을 담당합니다. 영어 같은 경우는 모음(母音)과 자음(子音)의 결합 관계를 분석해 보아야만 몇 음절(音節)인지를 파악할 수 있지만, 중국어와 한국어는 눈에 보이는 하나의 글자 그 자체가 하나의 음절(音節)입니다.

'중국어'라는 이 단어는 3음절(音節) 단어입니다. 한 글자가 하나의 음절(音節)을 담당하고 있습니다. 음절(音節)에서 성모(聲母)

는 가장 앞부분에 위치하는 보음(輔音) 성분입니다. 앞장에서 설명한 바와 같이, 자음(子音)은 보음(輔音)이라고도 하고 모음(母音)은 원음(元音)이라고도 하는데, 중국에서는 원음(元音)과 보음(輔音)이라는 용어를 더 많이 사용하지만, 한국과 일본 등에서는 모음(母音)과 자음(子音)이라는 용어에 더 익숙합니다. 하지만 그 개념은 동일해서 원음(元音)이 모음(母音)이고 보음(輔音)은 자음(子音)입니다. 한편, 음절(音節)에 따라서 성모(聲母)가 없는 경우도 있습니다. 성모(聲母)가 없는 경우를 영성모(零聲母)라고 합니다. 우리가 흔히 알고 있는 "我愛你" Wǒ ài nǐ에서 wǒ와 ài는 모두 보음(輔音) 성모(聲母)가 없는 영성모(零聲母)입니다. ài라는 음절(音節)에서 가장 앞에 등장하는 음소(音素)가 a라는 모음(母音)이지 않습니까? 한 음절(音節)의 가장 앞부분에 보음(輔音) 성분이 등장하지 않기 때문에 영성모(零聲母) 음절(音節)인 것입니다.

한 가지 유의할 사항은, 성모(聲母)를 보음(輔音)과 동일시해서는 안 된다는 점입니다. 왜냐하면 모든 보음(輔音)이 다 성모(聲母)로 사용될 수 있는 것이 아니기 때문입니다. 쉽게 생각하면 운모(韻母) 부분에 보음(輔音)이 포함되는 경우가 있지 않습니까? 따라서 한 음절(音節)의 가장 앞부분에 위치해야 한다는 점과 음소(音素)가 보음(輔音)이어야 한다는 점, 두 가지 전제조건이 충족되어야 '성모(聲母)'라고 지칭할 수 있습니다.

보음(輔音)은 발음 기관을 통해 내는 소리 중 구강(口腔) 내의 특정 부위가 완전히 차단되거나 혹은 숨결이 간신히 지나갈 만큼 좁혀지는 등의 장애(障礙)를 받으면서 나는 소리입니다. 소리가 편안하게 밖으로 나오지 못하도록 방해(妨害)하는 요소가 있습니다. 그러한 요소들은 발음부위(發音部位)에서 만들어집니다. 입술로 숨결을 막기도 하고, 혓바닥으로 숨결을 조절하기도 하는데 혓바닥의 위치에 따라서 숨결 조절 기능이 달라지기도 합니다.

성모(聲母)를 파악하려면 먼저 자음(子音)에 대한 개념이 정립되어야 합니다. 자음(子音)은 '子(아들 자)'자를 씁니다. 자음(子音)의 상대적인 개념은 모음(母音)이며, 모음(母音)이 있어야지만 발음이 가능하기 때문에 '母(어미 모)'자를 씁니다. 자음(子音)은 자체적으로 성대(聲帶)를 울리는 일부 유성음(有聲音)을 제외하고는 모음(母音)의 도움 없이 자체적으로 음파(音波)를 형성할 수 없습니다. ㄱ(기역)·ㄴ(니은)·ㄷ(디귿)·ㄹ(리을) 등의 예를 들면, '기업' 같은 경우는 'ㄱ'에 'ㅣ'라는 모음(母音)이 결합되면서 음파(音波)를 형성해 '기'라는 음절(音節)이 형성되는데, 이때 자음(子音)인 'ㄱ' 자체는 음파(音波)를 형성하지 못하고 그저 'ㅣ'라는 모음(母音)을 다른 발음과 구별해주는 역할을 합니다. 그래서 '기'라는 발음도 있고 '리'라는 발음도 있으며 '디'라는 발음도 있는 것입니다. '니' 같은 경우, 자음(子音) 'ㄴ'은 유성음(有聲音)입니다. 콧소리인 비음(鼻音)은 음파(音波)를 형성할 수 있지 않습니까? 'ㄴ'처럼 음파(音波)를 형성할 수 있는 자음(子音)도 있지만, 우리말에서도 그렇고 현대표준중국어[普通話]에서도 대부분의 자음(子音), 대부분의 성모(聲母)는 자체적으로 음파(音波)를 형성할 수 없는 성분입니다. 자음(子音)은 숨결이 차단되거나 간신히 지나갈 만큼 좁혀지는 등의 방해(妨害) 동작에 따라 서로 다른 발음으로 구분됩니다. 입술로 방해(妨害)를 하면 입술소리라고 하고, 혓바닥으로 방해(妨害)를 하면 혓바닥소리라고 합니다.

2.2. 성모(聲母)의 분류

2.2.1. 발음기관

성모(聲母)의 전제조건은 자음(子音)이어야 합니다. 자음(子音)의 발음이 형성되는 과정을 위해서는 먼저 구강(口腔) 구조를 살펴보아야 합니다. 중국 언어학 관련 논저의 서술 내용을 효율적으로 이해하기 위해서는, 발음기관(發音器官)인 구강(口腔) 내부 각 부위의 중국어 명칭을 알아 둘 필요가 있습니다. 예를 들어 윗니·잇몸·윗입술·아랫니·아랫입술·아래턱·비강(鼻腔)·여린입천장·센입천장·구강(口腔)·성대(聲帶) 등을 중국어로는 어떻게 부르는지, 암기할 필요까지는 없겠고 필요할 때 찾아서 확인해 보면 됩니다. 이러한 발음부위(發音部位)의 중국어 표현은, 상치(上齒)·치은(齒齦)/치경(齒莖)·상순(上脣)·하치(下齒)·하순(下脣)·하악(下顎)·비강(鼻腔)·연악(軟顎)/연구개(軟口蓋)·경악(硬顎)/경구개(硬口蓋)·구강(口腔)·성대(聲帶) 등입니다. 교재에 따라서 혹은 논문에 따라서 혹은 설명하는 방식에 따라서 용어를 달리 쓰는 경우가 있습니다. 이 시간에는 최대한 가장 간단명료하면서 사용 빈도가 높은 용어들 위주로 살펴보겠습니다.

연구개(軟口蓋)가 무엇입니까? 구개(口蓋)는 '口(입 구)'자에 '蓋(덮을 개)'자로 입천장이라는 의미입니다. 혀끝으로 입천장을 한번 만져 보시면 앞쪽에는 딱딱한 입천장이 있을 것이고, 혀끝을 좀 더 뒤로 가져가면 말랑말랑한 입천장이 나타날 겁니다. 딱딱한 입천장을 센입천장·경구개(硬口蓋)·경악(硬顎)이라고 부르고, 말랑말랑한 입천장을 여린입천장·연구개(軟口蓋)·연악(軟顎)이라고 합니다. 구개음(口蓋音)으로 변화하는 구개음화(口蓋音化) 현상은 우리 국어학에서도 자주 거론되는 소재입니다. 대표적인 예로 ㄷ(디근)이 모음(母音) ㅣ(이) 앞에서 ㅈ(지읒)으로 발음되는 현상을 꼽을 수 있습니다. '굳이'가 '구디'로 연음되어 발음되지 않고, 구개음화(口蓋音化) 현상에 따라 [구지]로 발음되고, 같은 원리로 '같이'가 '가티'가 아닌 [가치]로 발음됩니다.

우리말의 ㅅ(시옷)·ㅈ(지읒)·ㅊ(치읓)에 해당하는 요소는 입천장 입장에서 보면 구개음(口蓋音)이고, 혓바닥 입장에서 보면 설면음(舌面音)입니다. 용어는 다르지만 동일한 개념입니다. 구강(口腔) 내부에서 힘을 많이 받아 부하가 걸리는, 즉 발음이 형성되는 부

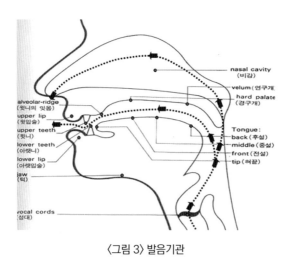

〈그림 3〉 발음기관

한자와 성운학

발음부위

윗니의 잇몸/치은(齒齦)/치경(齒莖) alveolar ridge or alveola

윗입술/상순(上脣) upper lip

윗니/상치(上齒) upper teeth

아랫니/하치(下齒) lower teeth

아랫입술/하순(下脣) lower lip

턱[下顎] jaw

성대(聲帶) glottis, vocal cords

비강(鼻腔) nasal cavity

연구개/여린입천장/연악(軟顎) soft palate or velum

경구개/센입천장/경악(硬顎) hard palate or palate

혀/설두(舌頭) tongue

후설[舌後] back of the tongue

중설[舌中] middle of the tongue

전설[舌前] front of the tongue

혀끝/설첨(舌尖) tip of the tongue

cf. 설단/설엽(舌葉) blade of the tongue

설근(舌根) root of the tongue

목젖/구개수/소설(小舌) uvula

구강(口腔) oral cavity

위가 바로 입천장과 혓바닥의 평평한 부분입니다. 왜냐하면 설면(舌面)과 입천장이 맞닥뜨려서 내는 소리이기 때문입니다. 중국어 성모(聲母)에서 j·q·x 계열이 설면음(舌面音)입니다. 연악(軟顎)·경악(硬顎)의 '顎(악, 腭)'은 '구개(口蓋)'와 마찬가지로 '입천장'이라는 의미입니다. 중국어 언어학에서는 èhuà(顎化, 腭化)라는 용어를 사용하기도 합니다. èhuà(顎化, 腭化)도 구개음화(口蓋音化)와 마찬가지로 구개음(口蓋音)이 아닌 발음 요소가 구개음(口蓋音), 즉 설면음(舌面音)으로 바뀌었음을 의미합니다. 따라서 구개음화(口蓋音化)·설면음화(舌面音化)·èhuà(顎化, 腭化)는 모두 동일한 용어들입니다. 초점에 따라서 입천장소리[口蓋音] 혹은 혓바닥소리[舌面音]로 표현만 바뀌었을 뿐입니다.

2.2.2. 성모(聲母)의 종류-1

중국어의 성모(聲母)는 발음부위(發音部位)와 발음방법(發音方法)에 따라 성모(聲母)의 종류를 나눌 수 있습니다. 발음부위(發音部位)는 발음이 형성되는 구강(口腔) 혹은 비강(鼻腔)의 해당 부분을 나타내는 것입니다.

입술이 입안에서 나오는 숨결을 방해(妨害)하면 입술소리인 순음(脣音)이라고 합니다. 순음은 다시 두 입술소리인 쌍순음(雙脣音)과 아랫입술이 윗니와 맞닥뜨려서 나는 순치음(脣齒音)으로 나눌 수 있습니다. 다음에 학습할 고대중국어[古代漢語]에서는 무거운

1. 발음부위(發音部位)에 따른 분류

쌍순음(雙脣音): 두 입술로 내는 소리.　　　　　　　　[b p m]

순치음(脣齒音): 아래 입술과 윗니로 내는 소리.　　　　　　[f]

설첨중음(舌尖中音): 혀끝과 윗니의 잇몸 사이로 내는 소리.　[d t n l]

설근음(舌根音): 혀의 뒷부분과 연구개 사이로 내는 소리.　[g k h]

설면음(舌面音): 혓바닥과 경구개 사이로 내는 소리.　　　[j q x]

설첨후음(舌尖後音): 혀끝과 연구개·경구개 사이로 내는 소리

　　　　　　　捲舌音이라고도 함.　　　　[zh ch sh r]

설첨전음(舌尖前音): 혀끝과 윗니 뒷면으로 내는 소리.　　[z c s]

입술소리인 중순음(重脣音)과 가벼운 입술소리인 경순음(輕脣音)이라는 용어로 분류하기도 합니다. 일반적으로 사용하는 용어는 쌍순음(雙脣音)과 순치음(脣齒音)이며, 모두 순음(脣音)에 해당합니다. 입술이 발음을 다듬는 데에 중요한 역할을 합니다.

　설첨(舌尖)이 무엇일까요? 혀끝인 tip이 바로 설첨(舌尖)입니다. 중국어 성모(聲母)의 분류에서는 혀끝이 입천장과 맞닿는 부분을 크게 세 부분으로 나눕니다. 혀끝이 가장 앞에 위치할 때, 즉 혀끝을 윗니와 아랫니가 맞닥뜨리는 부분에 대고 바깥으로 밀어내듯이 발음하는 것이 설첨전음(舌尖前音)입니다. 혀끝이 상대적으로 가장 앞에 위치해서 설첨전음(舌尖前音)이라고 지칭합니다. z·c·s가 이 계열입니다. 다음으로 설첨후음(舌尖後音)은 혀끝이 가장 뒤

쪽에 들어가 있는 발음입니다. 혀끝이 연구개(軟口蓋)와 경구개(硬口蓋) 사이, 즉 입천장을 안으로 훑어서 들어가다가 말랑말랑한 입천장이 만져지는 위치 정도에 혀끝을 접촉시켰다가 떼면서 발음합니다. 기초중국어 시간에 중국어 발음을 학습할 때 권설음(捲舌音)이라고 많이 설명합니다. 권설(捲舌)은 혀를 또르르 말았다는 의미입니다. 이 부분에서 주의해야 할 사항은, 인간의 혓바닥은 구조적으로 도마뱀이나 이구아나처럼 혀를 또르르 말아서 발음할 수는 없다는 점입니다. 따라서 단순히 혀를 만다는 개념이 아니라 혓바닥의 좌우를 말아 올려서, 즉 평평한 혓바닥을 숟가락처럼 오목한 모양이 되도록 만들어서 윗니의 어금니 안쪽에 혓바닥의 양쪽이 닿게 해야 합니다. 그리고 혀끝을 최대한 안으로 끌어당겨서 경구개(硬口蓋)와 연구개(軟口蓋) 접점 정도에 두고, 처음에는 숨결을 완전히 막았다가 끝에 조금만 열어주되 혀의 양 옆면은 그대로 붙어 있어야 합니다. 그래서 혓바닥을 좌우 양쪽으로 말아 올리기 때문에 '권설(捲舌)'이라고 설명하면, 초급중국어 시간에 발음 교학에 좀 더 도움이 되지 않겠나 싶습니다. 혀끝인 설첨(舌尖)의 입장에서 보면 상대적으로 가장 안쪽에 있으니까 '설첨후음(舌尖後音)'이라고 하는 것입니다. zh·ch·sh·r가 이 계열입니다. 그 다음은 설첨중음(舌尖中音)입니다. 혀끝을 설첨전음(舌尖前音)

인 z·c·s 위치에서 살짝 안쪽으로 당겨 올려 윗니와 잇몸 사이 정도에 대었다가 떼면서 내는 소리입니다. d·t·n·l가 이 계열입니다. 상대적으로, 혀끝이 설첨전음(舌尖前音)인 z·c·s보다는 약간 안쪽으로 들어가 있고 설첨후음(舌尖後音)인 zh·ch·sh·r보다는 약간 앞쪽으로 나와 있어서 '설첨중음(舌尖中音)'이라고 합니다.

이처럼 설첨(舌尖)을 전·중·후로 구별해서 설첨전음(舌尖前音)·설첨중음(舌尖中音)·설첨후음(舌尖後音)으로 분류하면, 중국어 발음의 입문 과정에서 학습하기가 더 쉬울 것 같습니다. 물론 교재에 따라서는 치조음(齒槽音)·치경음(齒莖音)·치은음(齒齦音) 등의 용어로 설명하는 경우도 있습니다. 치조(齒槽)는 치골(齒骨) 혹은 치조골(齒槽骨)로도 쓰이며 '이가 박혀 있는 위턱 아래턱의 구멍이 뚫린 뼈'라고 합니다. 치경(齒莖)과 치은(齒齦)은 모두 '잇몸'이라는 의미입니다. 사실은 '치조(齒槽)'와 잇몸의 차이를 해부학적으로 엄밀히 구별하면서까지 발음부위(發音部位)를 익혀야 할 필요는 없어 보입니다. 게다가 유사한 용어로 초학자들의 부담을 가중시킬 필요는 더더욱 없습니다. 중국어 성모(聲母)의 교학적인 측면에서는 설첨(舌尖)의 전·중·후 개념으로 설명하는 것이 학습 부담을 경감하면서 합리적으로 발음을 분류할 수 있는 방법일 것입니다.

다음은 '구개음(口蓋音)'이라고 했던 설면음(舌面音)입니다.

j·q·x 계열로, 혓바닥과 경구개(硬口蓋) 사이로 내는 소리입니다. 그다음은 혀의 가장 안쪽 부분인 혀뿌리[舌根]와 연구개(軟口蓋) 사이로 내는 설근음(舌根音)입니다. 설근음(舌根音)은 '연구개음(軟口蓋音)'이라고도 합니다. g·k·h 계열입니다. 우리말에 받침으로 쓰이는 ㅇ(이응)이 있지 않습니까? 이때의 ㅇ(이응)이 설근음(舌根音)이며 중국어 운모(韻母)의 -ng [ŋ] 운미(韻尾)입니다. ng [ŋ]에 해당하는 자음(子音)은 현재 우리말에서 초성(初聲)에 사용되지 않듯이 현대표준중국어[普通話]에서도 성모(聲母)로 쓰이지는 않지만, 고대중국어[古代漢語]와 중세국어에서는 성모(聲母)와 초성(初聲)으로 쓰였었습니다. 발음부위(發音部位)에 따른 분류는 이렇게 정리하도록 하겠습니다.

2.2.3. 성모(聲母)의 종류-2

중국어 발음을 학습할 때, 교재마다 차이는 있지만 일반적으로 성조(聲調) 혹은 성모(聲母)부터 발음 연습을 시작합니다. 성모(聲母)를 배우면서 끊어 읽으며 연습하는 단위를 b·p·m·f 그리고 d·t·n·l 등으로 묶어서 발음 연습을 하게 됩니다. b·p·m 다음에 f·d·t 그리고 n·l·g 이런 방식으로 끊어서 연습하지는 않았을 것입니다. b·p·m·f와 d·t·n·l를 각각 한 단위씩으로 묶어서 연습했던 이유는, 발음부위(發音部位)의 공통점에 따른 분류를 염두에 두었기 때문입니다. 학습자 입장에서도 교수자 입장에서도 동일한 발음부위(發音部位)에서 형성되는 요소의 공통점과 상호 간의 차이를 인식하면서 학습할 수 있도록 배치했던 것입니다. b·p와 d·t는 숨결을 막았다가 터뜨리면서 내는 소리인데, 이 중 b와 d는 숨결이 약한 반면, p와 t는 숨결을 상대적으로 강하게 내쉽니다. 구강(口腔)이나 비강(鼻腔) 내부의 발음부위(發音部位)에서 숨결이 편하게 나오지 못하도록 틀어막든지 아니면 쏠리면서 마찰되도록 조

2. 발음방법(發音方法)에 따른 분류

색음(塞音)/파열음(破裂音): 숨결을 막았다가 터뜨리면서 내는 소리

[b p d t g k]

색찰음(塞擦音)/파찰음(破擦音): 塞音 ⇒ 擦音의 순서로 나는 소리

[j q zh ch z c]

찰음(擦音)/마찰음(摩擦音): 좁은 통로로 숨결이 마찰되면서 나오는 소리

[f h x sh r s]

비음(鼻音): 코로 숨결을 내보내는 소리

[m n]

변음(邊音)/설측음(舌側音): 혀의 양쪽 측면으로 숨결을 내보내는 소리

[l]

금만 열어준다든지 해서 발음을 다듬는다고 표현했습니다. 다듬는다는 것이 바로 발음방법(發音方法)입니다.

'塞(막을 색)'자가 무엇입니까? 틀어막는 것입니다. 우리말에서는 '파열음(破裂音)'이라는 용어를 씁니다. 틀어막았다가 모음(母音) 성분이 동반되면서 파열되는 발음이라는 의미입니다. 중국 언어학에서는 틀어막고 있는 동작에 중점을 두어 '색음(塞音)'이라는 용어를 사용하고, 국어 언어학에서는 터뜨리는 데에 중점을 두어 파열음(破裂音)이라는 용어를 선호합니다. b·p, d·t, g·k 등이 이 계열입니다.

찰음(擦音)은 마찰음(摩擦音)입니다. 중국 언어학에서는 '찰음(擦音)'을, 국어 언어학에서는 '마찰음(摩擦音)'이라는 표현을 선호합니다. 처음부터 완전히 틀어막는 것이 아니라 숨결이 좁은 통로로 쓸리면서 마찰되듯이 내는 소리입니다. f·h·x·sh·r·s 등이 이 계열입니다.

색음(塞音)과 찰음(擦音)이 합쳐진 것이 '색찰음(塞擦音)'입니다. 다른 용어로 말하면, 파열음(破裂音)과 마찰음(摩擦音)이 합쳐졌다는 의미에서 '파찰음(破擦音)'이라고도 합니다. 준비 단계에서는 틀어막다가['塞'] 발음이 유지되는 단계에서는 틈을 약간만 열어 쓸리도록 하는['擦'] 소리입니다. j·q, zh·ch, z·c 등이 이 계열입니다. 처음에 혓바닥을 경구개(硬口蓋)에 바짝 붙여서 숨결이 통과하지 못하도록 막다가 약간의 틈만 열어주며 쓸리도록 내는 소리가 설면음(舌面音) j·q이고, 혀끝을 윗니와 아랫니 사이에 붙이고 있다가 약간만 열어주며 쓸리도록 내는 소리가 설첨전음(舌尖前音) z·c이며, 혀끝을 연구개(軟口蓋)에 붙여서 막아주다가 약간만 열어주며 쓸리도록 내는 소리가 설첨후음(舌尖後音) zh·ch입니다.

비음(鼻音)은 비강(鼻腔)을 울려서 내는 발음입니다. 스스로 음파(音波)를 형성할 수 있기 때문에 모음(母音)의 도움을 받지 않아도 하나의 음절(音節)로 사용되는 경우가 있다는 점에서 일반적인 보음(輔音)과 차이가 있습니다.

변음(邊音)은 설측음(舌側音)이라고도 부르는데, 혀의 양쪽 측면으로 숨결을 내쉬면서 발음하는 소리입니다. 중국어 성모(聲母)에서는 l가 이에 속합니다.[5]

---

5   l는 혓바닥을 튕겨서 내는 소리이기 때문에 탄설음(彈舌音)이라고도 합니다. l 이외에 r도 탄설음(彈舌音)에 속합니다. r는 위에서 찰음(擦音)으로 분류했듯이, 마찰 방식의 발음방법(發音方法)에 초점을 맞추면 찰음(擦音)으로 분류되고, 혓바닥을 튕겨서 발음하는 방식에 초점을 맞추면 탄설음(彈舌音)으로 분류할 수 있습니다. l는 탄설(彈舌)의 방식 중에서도 한 번만 강하게 튕겨서 발음하고, r는 상대적으로 탄설(彈舌)의 진동이 많은 발음입니다.

2.2.4. 성모(聲母)의 종류-3

다음은 송기(送氣)와 불송기(不送氣)입니다. '송기(送氣)'는 바람을 내보내는 소리이고, '불송기(不送氣)'는 바람을 내보내지 않는 소리라는 의미입니다. 송기(送氣)는 바람이 있다는 의미인 유기음(有氣音)과 같은 개념이고, 불송기(不送氣)는 바람이 없다는 의미인 무기음(無氣音)과 같은 개념입니다. 하지만 불송기(不送氣)라고 해서 숨결이 하나도 나오지 않는 것은 아닙니다. 다만 상대적으로 송기(送氣)보다 바람이 약하게 형성된다는 의미일 뿐입니다. 송기(送氣) 여부 측면에서 b-p·d-t·g-k·j-q·zh-ch·z-c 각각의 세트에서 앞쪽의 b·d·g·j·zh·z는 불송기(不送氣)이고, 뒤쪽의 p·t·k·q·ch·c는 송기(送氣)입니다. 발음방법(發音方法) 측면에서 b-p·d-t·g-k는 색음(塞音)이고 j-q·zh-ch·z-c는 색찰음(塞擦音)입니다.

성모(聲母)의 분류에서, 성대(聲帶)의 진동 여부를 기준으로 유성음(有聲音)과 무성음(無聲音)으로 구분합니다. 중국에서 송(宋)나라 이전부터 사용하던 용어로는 '청음(淸音)'과 '탁음(濁音)'이라는 표현이 있습니다. 그 당시에 중국인 학자들은 무성음(無聲音) 즉 성대(聲帶)가 울리지 않는 소리를 맑은 소리로 인식해서 '청음(淸音)'이라 불렀고, 성대(聲帶)가 울리는 유성음(有聲音)을 탁한 소리

3. 바람(숨결)의 세기에 따른 분류

불송기(不送氣)/무기음(無氣音): 비교적 약한 숨결로 내는 소리

[b d g j zh z]

송기(送氣)/유기음(有氣音): 비교적 거센 숨결로 내는 소리

[p t k q ch c]

4. 성대(聲帶)의 진동 여부에 따른 분류

청음(淸音)/무성음(無聲音)/不帶音: 안울림소리

[b p f d t g k h j q x zh ch sh z c s]

탁음(濁音)/유성음(有聲音)/帶音: 울림소리

[m n l r]

로 인식해서 '탁음(濁音)'이라 불렀습니다. 지금의 개념으로 본다면, 청음(淸音)은 무성음(無聲音)이고 탁음(濁音)은 유성음(有聲音)입니다. 성대(聲帶)가 울리지 않는 소리를 부대음(不帶音), 성대(聲帶)가 울리는 소리를 대음(帶音)이라고도 지칭합니다. 현대표준중국어[普通話] 성모(聲母)에서는 m·n·l·r 이 네 가지만 탁음(濁音)이고, 우리말에서는 ㅁ(미음)·ㄴ(니은)·ㄹ(리을) 그리고 종성(終聲)으로 사용되는 ㅇ(이응)이 유성음(有聲音), 즉 탁음(濁音)입니다. 바꿔 말하면, 현대표준중국어[普通話] 성모(聲母)에서 m·n·l·r 이 네 가지를

제외한 나머지는 모두 성대(聲帶)를 울리지 않는 청음(淸音), 즉 무성음(無聲音)이라는 의미입니다. sh와 r는 설첨후음(舌尖後音)이며 찰음(擦音)인데, sh는 성대(聲帶)를 울리지 않는 청음(淸音)인 반면, r는 성대(聲帶)를 울리는 탁음(濁音)이라는 데에 차이가 있습니다.

　성모의 발음부위와 발음방법에 따른 분류를 종합하면 아래 표와 같습니다.

〈도표 3〉 성모(聲母)의 발음부위와 발음방법

發音方法 / 發音部位			雙脣音	脣齒音	舌尖中音	舌根音	舌面音	舌尖後音	舌尖前音
塞音	淸	不送氣	b		d	g			
		送氣	p		t	k			
塞擦音	淸	不送氣					j	zh	z
		送氣					q	ch	c
擦音		淸		f		h	x	sh	s
		濁						r	
鼻音		濁	m		n				
邊音		濁			l				

　여기까지 발음부위(發音部位)에 따른 분류, 발음방법(發音方法)에 따른 분류, 숨결의 세기, 성대(聲帶)의 진동 여부에 따라 현대표

준중국어[普通話]의 성모(聲母)를 분류해 보았습니다. 쌍순음(雙脣音)에는 b·p·m가 있었습니다. b·p는 청음(淸音)이자 색음(塞音)이고 이 둘의 차이는 불송기(不送氣)와 송기(送氣)였으며, m는 탁음(濁音)이자 비음(鼻音)이었습니다. 순치음(脣齒音) f는 청음(淸音)이자 찰음(擦音)입니다. 설첨후음(舌尖後音)인 zh와 ch는 준비 단계에서는 틀어막는 색음(塞音)이다가 마찰 성분을 유지하여 찰음(擦音) 방식으로 발음하는 색찰음(塞擦音)으로서, 이 둘의 차이는 바람의 세기로 zh는 불송기(不送氣)이고 ch는 송기(送氣)입니다. sh는 찰음(擦音)입니다. zh·ch·sh가 청음(淸音)인 반면, r는 탁음(濁音)입니다.

2.3. 성모(聲母)의 변천

2.3.1. 고대중국어의 성모(聲母)

통시적(通時的) 관점에서 고대에는 어떤 성모(聲母)가 있었으며 어떻게 사용되었는지에 대하여 살펴보겠습니다. 고대중국어[古代漢語]에는 성모(聲母)라는 용어가 없었고, 대신에 '聲(소리 성)'자를 썼습니다. '聲'자의 상대어는 '韻(운 운)'자입니다. 따라서 고대중국어[古代漢語] 시기에는 소리를 성(聲)과 운(韻)의 결합으로 보았음을 알 수 있습니다. 처음에는 한 글자에서 앞소리를 성(聲), 뒷소리를 운(韻)이라는 개념으로 썼다가, 후에는 뒷소리 중에서도 높낮이의 차이에 따라서 성조(聲調)를 나누었습니다. 그 당시에도 성조(聲調)는 평성(平聲)·상성(上聲)·거성(去聲)·입성(入聲) 네 가지로 분류했습니다. 그 시기에는 발음 분석이 문학 활동을 위해 필요했었기 때문에 발음을 성(聲)과 운(韻) 정도만으로 분류해도 충분했습니다. 문학 중에서도 시가문학(詩歌文學), 즉 운문(韻文)을 작성하기 위해서 운(韻)이 동일한 압운자(押韻字)를 골라 쓰기 편리하도록 운서(韻書)를 편찬했습니다. 앞소리가 달라져도 운(韻)이 동일하면 같은 부류에 속했습니다. 반절(反切)로 다시 설명하면, 반절상자(反切上字)에 차이가 있더라도 반절하자(反切下字)가 동일한 운(韻)에 들어가 있는 글자들은 같은 그룹으로 분류되었습니다. '東'(dōng)이라는 운(韻)에서 운(韻)은 dong이 아니라 ōng입니다. ōng이라는 운에서 대표 명칭으로 '東'자를 쓴 것입니다. 東韻(동운)에는 '동'이라는 발음도 있고 '공·몽·송·총' 등의 발음이 있습니다. 그 차이는 바로 성(聲)의 차이입니다.

고대 중국인들은 위진남북조(魏晉南北朝) 이후에 수(隋)나라 그리고 당(唐)나라에 접어들면서 성(聲)의 차이에 따라 분류하는 데에도 관심을 가지게 되었습니다. 바로 「36자모(字母)」입니다. '자모(字母)'라는 의미는 무엇일까요? 각 부류의 대표자를 임의적으로 뽑아낸 것입니다. 발음 기호가 없었던 시기였기 때문에 각 성모(聲母)를 대표하는 글자를 임의로 지정했습니다. 그것이 36개 글자였기 때문에 '36자모(字母)'라고 이름을 붙인 것입니다. 「36자모(字母)」의 분류에서 순음(脣音)에는 중순음(重脣音)과 경순음(輕脣音)이 있습니다. 중순음(重脣音)은 쌍순음(雙脣音)이고, 경순음(輕脣音)은 순치음(脣齒音)과 같은 의미입니다. 순음(脣音) 다음으로는 설음(舌音)·치음(齒音)·아음(牙音)·후음(喉音)·반설음(半舌音)·반치음(半齒音) 등이 배열되어 있습니다. 이 용어들은 수(隋)나라·당(唐)나라·송(宋)나라 시기의 학자들이 사용하던 명칭들이었습니다. 지금의 발음부위(發音部位) 명칭인 쌍순음(雙脣音)·설근음(舌根音)·설면음(舌面音)·설첨전음(舌尖前音)·설첨중음(舌尖中音)·설첨후음(舌尖後音) 이런 용어들과는 차이가 있습니다. 그 당시의 명칭을 보면, '喉(목구멍 후)'자도 있고, '牙(어금니 아)'·'齒(이 치)'·'舌(혀 설)'·'脣(입술 순)'자 등이 있습니다. 발음부위(發音部位)에 따라 분류했음을 알 수 있습니다.

현대적인 언어학 이론이 없었던 시기였기 때문에, 구체적으로 구강(口腔) 해부도를 가지고 접근하지는 않았겠지만, 발음에 관심을 가지다 보니 자연스럽게 이 발음은 입술 쪽에서 나는 소리이고, 이 발음은 혀로 내는 소리이고, 그리고 앞니로 내는 소리이고 등등 발음부위(發音部位)와 관련된 개념을 가졌던 것으로 보입니다. 앞에서 언급한 바와 같이, 36개의 글자로 이루어져 있습니다. 幫 bang·滂 pang·並 bing·明 ming, 非 fei·敷 fu·奉 feng·微 wei, 端 duan·透 tou·定 ding·泥 ni 등 발음부위(發音部位)에 따라 나누어 순서대로 암기하는 방식을 많이 사용했습니다. 중국어를 배울 때 b·p·m·f부터 시작하는 것처럼, 성운학(聲韻學)에 입문한다고 하면 대표적으로 幫 bang·滂 pang·並 bing·明 ming을 시작한다고 표현할 정도입니다. 이 개념을 숙지하고 있으면, 운서(韻書)나 운도(韻圖) 등과 같은 성운학(聲韻學) 관련 자료를 훨씬 더 효율적으로 활용하고 글자를 분류하는 안목을 가질 수 있습니다.

「36자모(字母)」를 나타내는 글자들은 번체자(繁體字), 즉 정자(正字)로 쓴 것인데, 간체자(簡體字)로 쓰는 경우에는 주의할 점이 있습니다. '並'(병)자는 간체자(簡體字)로 '并'이라는 자형(字形)이 훨씬 더 많이 사용되는데, 국내에서는 개론서에 따라 '並'자뿐만 아니라 '併'자 혹은 '并'자로 쓴 경우도 볼 수 있습니다. 그런데 並자는 당연히 並母에 속하는 글자이지만, 并자는 「36자모(字母)」에서 幫母에 속하는 글자입니다. 다시 말하면, 并자는 청음(淸音)인 전청

(全淸)이고 竝자는 탁음(濁音)인 전탁(全濁)에 속하는 글자로, 두 글자는 「36자모(字母)」에서의 분류가 달라집니다. 그래서 「36자모(字母)」에서는 중순음(重脣音)의 전탁(全濁) 성모(聲母)를 나타내는 글자로 幷자가 아닌 竝자를 사용해야 합니다. 이런 차이까지 염두에 두면 전통 음운학(音韻學)에서 가장 널리 사용되었던 성모(聲母) 표기법인 「36자모(字母)」를 더 완벽하게 이해하는 셈입니다.

성운학(聲韻學)과 관련해서 시기 구분을 살펴보면, 상고(上古) 시기는 한(漢)나라 이전을 가리키고, 한(漢)나라 및 위진남북조(魏晉南北朝)까지는 과도기입니다. 위진남북조(魏晉南北朝)부터 수(隋)·당(唐)·송(宋)까지를 중고(中古) 시기로 구분합니다. 「36자모(字母)」는 당말송초(唐末宋初), 즉 중고음(中古音)의 성모(聲母) 체계를 반영하고, 「조매시(早梅詩)」는 근대음(近代音)의 성모(聲母) 체계를 반영합니다. 「36자모(字母)」부터 「조매시(早梅詩)」 등 성모(聲母)의 통시적(通時的)인 변화에 대해서는 아래에서 구체적으로 살펴보겠습니다.

지금까지 살펴본 내용을 간략하게 정리하면 다음과 같습니다.

성모(聲母)는 발음부위(發音部位)와 발음방법(發音方法)에 따라서 분류할 수 있고, 발음부위(發音部位)에 따른 분류는 쌍순음(雙脣

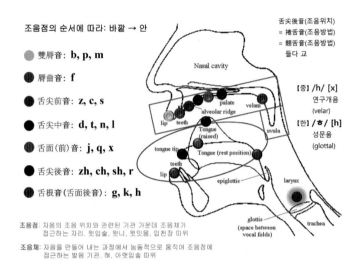

조음점의 순서에 따라: 바깥 → 안

● 雙脣音: **b, p, m**

● 脣齒音: **f**

● 舌尖前音: **z, c, s**

● 舌尖中音: **d, t, n, l**

● 舌面(前)音: **j, q, x**

● 舌尖後音: **zh, ch, sh, r**

● 舌根音(舌面後音): **g, k, h**

舌尖後音(조음위치)
= 捲舌音(조음방법)
= 翹舌音(조음방법)
들다 교

【중】/h/ [x]
연구개음
(velar)

【한】/ㅎ/ [h]
성문음
(glottal)

조음점: 자음의 조음 위치와 관련된 기관 가운데 조음체가
접근하는 자리. 윗입술, 윗니, 윗잇몸, 입천장 따위

조음체: 자음을 만들어 내는 과정에서 능동적으로 움직여 조음점에
접근하는 발음 기관. 혀, 아랫입술 따위

音)·순치음(脣齒音)·설첨전음(舌尖前音)·설첨중음(舌尖中音)·설첨후음(舌尖後音)·설면음(舌面音)·설근음(舌根音) 등이 있으며, 발음방법(發音方法)에 따라서 색음(塞音)·색찰음(塞擦音)·찰음(擦音)·비음(鼻音)·변음(邊音) 등으로 분류할 수 있었습니다.

조음체(調音體)와 조음점(調音點)이라는 개념을 유의해야 합니다. 조음체(調音體)는 능동적으로 움직여서 조음점(調音點)에 접근하는 발음기관(發音器官)으로, 혀와 아랫입술 따위가 있고, 조음점(調音點)은 조음체(調音體)가 접근하는 고정적인 자리로, 윗입술·

윗니·윗잇몸·입천장 따위가 있습니다. 각각의 조음체(調音體)가 능동적으로 움직여서 고정적인 위치에 있는 조음점(調音點)에 접촉하면서 각기 다른 자음(子音)을 만듭니다. '조음(調音)'은 소리를 골라서 다듬어내기 때문에 '調(고를 조)'자를 씁니다.

위 그림에 나타난 바와 같이, 조음점(調音點)의 위치를 바깥에서 안쪽의 순서로 살펴볼 수 있습니다. 쌍순음(雙脣音) b·p·m가 가장 바깥쪽에서 형성되는 발음이고, 그다음이 순치음(脣齒音) f입니다. 그다음이 설첨전음(舌尖前音) z·c·s이고, 그다음이 설첨중음(舌尖中音) d·t·n·l이며, 그 뒤로 설면음(舌面音) j·q·x, 설첨후음(舌尖後音) zh·ch·sh·r, 설근음(舌根音) g·k·h의 순서로 조음(調音)됩니다. 조음체(調音體)와 조음점(調音點)이라는 개념으로 성모(聲母)를 분석하면, 보음(輔音)의 형성 과정을 조금 더 명확하게 알 수 있습니다. 발음부위(發音部位)의 구체적인 위치는 발음하는 방법에 따라 개인적인 차이가 나타나기도 합니다. 설첨전음(舌尖前音)을 예로 들면, 조음체(調音體)인 설첨(舌尖)이 조음점(調音點)인 윗니에 닿는 경우도 있고, 윗니보다는 아랫니에 닿는 것처럼 느껴지는 경우도 있는데, 실제로는 설첨(舌尖)을 뾰족하게 세워 어느 한 포인트만 접촉하면서 발음하기는 어렵습니다. 그래서 대략적인 위치만 이해하면 큰 문제가 없겠습니다.

중국어 성모(聲母)는 크게 순음(脣音)·설첨음(舌尖音)·설면음(舌面音)으로 구분할 수 있습니다. 순음(脣音)은 쌍순음(雙脣音)과 순치음(脣齒音)으로 구성되는데, 쌍순음(雙脣音)과 순치음(脣齒音)의 조음체(調音體)는 아랫입술입니다. 쌍순음(雙脣音)은 아랫입술이 윗입술에 맞닿았다가 내는 소리이고, 순치음(脣齒音)은 아랫입술이 윗니에 맞닿았다가 내는 소리입니다. 그다음으로 설첨음(舌尖音)의 경우에는 설첨전음(舌尖前音)·설첨중음(舌尖中音)·설첨후음(舌尖後音)으로 나누어집니다. 조음체(調音體)는 설첨(舌尖)으로 동일하지만 조음점(調音點)에서 차이가 납니다. 설첨전음(舌尖前音)의 조음점(調音點)은 가장 앞쪽인 앞니이고, 설첨중음(舌尖中音)은 윗니 안쪽의 잇몸 정도로 볼 수 있습니다. 그리고 설첨후음(舌尖後音)의 조음점(調音點)은 경구개(硬口蓋)와 연구개(軟口蓋)의 접점 부근인데, 중국어의 방언(方言)에서 북방 쪽은 설첨(舌尖)이 조금 더 안쪽으로 들어가고 남방 쪽일수록 발음이 얇다는 표현처럼 설첨(舌尖)이 조금 덜 들어간다고 느껴집니다. 그래서 남방과 북방의 설첨후음(舌尖後音)은 발음의 깊이에서 차이가 난다고 표현하는 경우도 있습니다. 조음점(調音點)의 차이에서 나타나는 현상입니다. 설첨후음(舌尖後音)은 혀끝을 끌어당겨 경구개(硬口蓋)와 연구개(軟口蓋) 접점 부근까지 혀끝을 구부리기 때문에 '권설음(捲舌

音)'이라고도 부르는데, '권설(捲舌)'이라는 개념에 너무 치중하다
보면 발음이 어렵게 느껴질 수도 있습니다. 그래서 혓바닥을 숟가
락 모양으로 오목하게 만들고, 양옆을 말아 올리는 개념으로 이해
한다면 '권설(捲舌)'의 효과가 더 커질 것 같습니다. 교설음(翹舌音)
이라는 표현으로도 사용되는데, '교설(翹舌)'은 '혀를 든다', '혀를
치켜세운다'라는 의미입니다. 설첨전음(舌尖前音)의 조음점(調音
點)은 가장 앞쪽인 앞니이고, 설첨중음(舌尖中音)은 윗니 안쪽의 잇
몸 정도로 볼 수 있습니다. 그리고 설첨후음(舌尖後音)의 조음점(調
音點)은 경구개(硬口蓋)와 연구개(軟口蓋)의 접점 부근인데, 중국어
의 방언에서 북방 쪽은 설첨(舌尖)이 조금 더 안쪽으로 들어가고
남방 쪽일수록 발음이 얕다는 표현처럼 설첨(舌尖)이 조금 덜 들
어간다고 느껴집니다. 그래서 남방과 북방의 설첨후음(舌尖後音)
은 발음의 깊이에서 차이가 난다고 표현하는 경우도 있습니다. 조
음점(調音點)의 차이에서 나타나는 현상입니다.

　설면음(舌面音)은 조음체(調音體)가 설면(舌面), 즉 혓바닥입니
다. 설면전음(舌面前音)과 설면후음(舌面後音)으로 구분할 수 있는
데, 설면전음(舌面前音)은 혓바닥 앞부분을 윗잇몸과 경구개(硬口
蓋) 부근에 접근해 내는 소리로서 '구개음(口蓋音)'이라고도 합니
다. 구개음(口蓋音)을 연구개음(軟口蓋音)과 경구개음(口蓋音)으로

구분하기도 하지만, 통상 설면음(舌面音)이라고 할 때는 구개음(口蓋音)이라고만 지칭하면서 j·q·x 계열, 즉 우리말의 ㅈ·ㅊ·ㅅ 계열이 모음(母音) ㅣ(이)와 만날 때 발음되는 소리를 설면음(舌面音)으로 판단하고 있습니다. 설면후음(舌面後音)은 통상 '혀뿌리[舌根]소리'라고 지칭하는 '설근음(舌根音)'입니다. g·k·h 계열입니다. 입천장을 정확하게 세분화하기는 힘들지만, 연구개(軟口蓋) 쪽에 혀뿌리[舌根]를 갖다 대면서 내는 소리이기 때문에 설근음(舌根音)이라는 표현을 사용하고 있습니다.

중국어의 설근음(舌根音) 중 한어병음자모(漢語拼音字母) h는 국제음성기호(國際音聲記號)로 [x]입니다. 이것을 한어병음자모(漢語拼音字母) x, 즉 설면음(舌面音) j·q·x 중의 x와 혼동하면 안 됩니다. 한편, 우리말의 'ㅎ'은 국제음성기호(國際音聲記號)로 [h]입니다. 한어병음자모(漢語拼音字母)의 h [x]와 우리말의 ㅎ [h]은 발음이 비슷한 것 같지만, 사실상 차이가 있습니다. 중국어의 h [x]는 연구개음(軟口蓋音)이고, 우리말의 ㅎ [h]은 목구멍에서 소리를 내는 성문음(聲門音)입니다. 정확하게 구분하면, 연구개음(軟口蓋音)인 중국어의 h [x]는 성문음(聲門音)인 한국어 ㅎ [h]보다 앞쪽에서 발음됩니다.

2.3.2. 36자모(字母)·조매시(早梅詩)

　성모(聲母)의 통시적(通時的)인 변화 양상은 「36자모(字母)」와 「조매시(早梅詩)」로 대표됩니다. 반절(反切)을 설명할 때 언급했듯이, 고대 중국에서 발음에 대한 관심은 한(漢)나라 말기부터 유입된 불교와 산스크리트의 영향으로 승려 계층에서 먼저 인식했으며, 상당히 수준 높은 이론까지 제시되었습니다. 「36자모(字母)」의 전신은 1980년대에 돈황(燉煌) 석굴에서 낱장으로 발굴된 수온(守溫)의 「30자모(字母)」입니다. 왜냐하면 송(宋)나라 이후의 많은 문헌에서 「36자모(字母)」 체계를 확인할 수 있는데, 수온(守溫)이라는 승려가 30개의 자모(字母)로 분류해 놓은 한 장짜리 기록을 보고, 이것이 바로 「36자모(字母)」의 전신이라는 사실을 확인할 수 있었던 것입니다. 수온(守溫)의 「30자모(字母)」에서는 경순음(輕脣音) 계열이 별도로 분류되어 있지 않습니다. 「36자모(字母)」의 중순음(重脣音)과 경순음(輕脣音)을 우리 한자음(漢字音)으로 읽는다면 幫(방)·滂(방)·並(병), 非(비)·敷(부)·奉(봉)으로 모두 초성(初聲)이 'ㅂ'으로 표기되는 요소들입니다. 그런데 「36자모(字母)」에서는 중순음(重脣音)의 幫·滂·並·明과 경순음(輕脣音)의 非·敷·奉·微 계열을 분류해 놓았습니다. 「36자모(字母)」에서 분류해 놓았다는 것은, 당시에 서로 다른 발음으로 인식했다는 의미입니다. 그런데 수온(守溫)의 「30자모(字母)」에서는 중순음(重脣音)과 경순음(輕脣音) 두 계열이 별도로 분류되지 않았습니다. 통상 성운학(聲韻學)에서 다루는 통시적(通時的)인 성모(聲母)의 변화 과정이라고 한다면, 가장 널리 사용되고 있는 「36자모(字母)」가 중고중국어[中古漢語] 시기의 성모(聲母) 체계를 반영하고 있습니다. 그렇다면 수온(守溫)의 「30자모(字母)」 체계는 중고중국어[中古漢語]의 초기 형식으로 추정할 수 있겠습니다. 중고중국어[中古漢語]의 초기라고 한다면, 수당(隋唐) 교체기 혹은 당초(唐初) 시기로 생각할 수 있습니다.

한자와 성운학

發音部位 / 發音方法	脣音		舌音		齒音		牙音	喉音	半舌音	半齒音
	重脣	輕脣	舌頭	舌上	齒頭	正齒				
全淸	幫 bang	非 fei	端 duan	知 zhi	精 jing	照 zhao	見 jian	影 ying		
次淸	滂 pang	敷 fu	透 tou	徹 che	淸 qing	穿 chuan	溪 qi	曉 xiao		
全濁	並 bing	奉 feng	定 ding	澄 cheng	從 cong	牀 chuang	群 qun	匣 xia		
次濁	明 ming	微 wei	泥 ni	娘 niang			疑 yi	喩 yu	來 lai	日 ri
全淸					心 xin	審 shen				
全濁					邪 xie	禪 shan				

　「조매시(早梅詩)」는 20자로 이루어진 오언절구(五言絶句)입니다. 이 20자는 각각의 성모(聲母)를 대표하는 용도입니다. 시(詩)는 대표적인 운문(韻文)입니다. 운율(韻律)이 있고 압운자(押韻字)가 있기 때문에 산문(散文)에 비하여 암기하기가 쉽습니다. 난무(蘭茂, 1397~1470)라는 학자는 '운에 대해서 간략하고 쉽게 통달할 수 있는 책'이라는 의미의 운서(韻書) 『운략이통(韻略易通)』을 편찬하면서, 권두(卷頭)에 이 「조매시(早梅詩)」를 실어 놓았습니다. 『운략이

통(韻略易通)』의 각 운부(韻部)에 배열된 운자(韻字)는 「조매시(早梅詩)」20자의 순서, 즉 성모(聲母)의 순서에 따라서 배열되어 있습니다. 오언절구(五言絕句) 형식으로 쉽게 암기할 수 있는 「조매시(早梅詩)」의 순서에 따라서 운자(韻字)를 쉽게 찾을 수 있도록 구성한 것입니다. 『운략이통(韻略易通)』의 체재는 각각의 운부(韻部)에서 성모(聲母)의 순서에 따라 분류하고, 각 성모(聲母)에서 평(平)·상(上)·거(去)·입성(入聲)의 성조(聲調)별로 운자(韻字)를 배열했습니다. 『절운(切韻)』계열의 전통적인 운서(韻書)에서는 먼저 평(平)·상(上)·거(去)·입성(入聲) 네 가지 성조(聲調)로 나누고, 다음으로는 운(韻)에 따라 분류한 후, 각각의 운(韻)에서는 성모(聲母)의 차이에 따라 운자(韻字)를 배열했습니다. 『중원음운(中原音韻)』계열의 곡운서(曲韻書)는 먼저 운부(韻部)의 차례로 구성한 후, 각각의 운부(韻部)에서는 성조(聲調)별로 분류하고, 각 성조(聲調)에서 성모(聲母)의 차이에 따라 운자(韻字)를 배열했습니다. 운서(韻書)의 체재는 운자(韻字)를 배열하는 방식에 따라 다음과 같이 크게 세 가지로 나눌 수 있습니다.

① 『절운(切韻)』계열: 성조(聲調) ⇒ 운(韻) ⇒ 성모(聲母)
② 『중원음운(中原音韻)』계열: 운부(韻部) ⇒ 성조(聲調) ⇒ 성모

(聲母)

③ 『운략이통(韻略易通)』: 운부(韻部) ⇒ 성모(聲母) ⇒ 성조(聲調)

이처럼 『운략이통(韻略易通)』의 체재는 『절운(切韻)』 계열의 운서(韻書)나 『중원음운(中原音韻)』 계열의 곡운서(曲韻書)와는 확연한 차이가 있습니다. 그만큼 난무(蘭茂)라는 학자는 성모(聲母)에 더 중점을 두었다고 볼 수 있습니다.

早梅詩 (明, 蘭茂《韻略易通》)

東	風	破	早	梅,	向	暖	一	枝	開,
d	f	p	z	m	h(x)	n	ø	zh	k

氷	雪	無	人	見,	春	從	天	上	來.
b	s(x)	u(ø)	r	g(j)	ch	c	t	sh	l

현재의 성모(聲母) 체계를 기준으로 본다면, 「조매시(早梅詩)」와 「36자모(字母)」에서 다소 의아하게 느껴지는 부분도 있을 것입니다. 「36자모(字母)」를 현대표준중국어[普通話]의 성모(聲母)와 비교해 보면, 幇·滂·並·明은 각각 b·p·b·m와 대응되고, 非·敷·奉·微는 각각 f·f·f·ø와 대응됩니다. 幇과 並은 동일하게 b로, 非·敷·奉

은 모두 f로 대응되고 있습니다. 端·透·定·泥에서도 端과 定은 d와 대응됩니다. 知·徹·澄·娘에서의 徹와 澄, 그리고 照·穿·牀·審·禪에서의 穿·牀은 모두 동일하게 ch로, 치두음(齒頭音)의 心·邪와 후음(喉音)의 曉·匣은 동일하게 x로, 이처럼 현대표준중국어[普通話]의 성모(聲母) 체계로 판단하면 동일한 성모(聲母)로 발음되는 자모(字母)들이 섞여 있는 것처럼 보입니다. 「조매시(早梅詩)」에서도 向자와 雪자는 한어병음자모(漢語拼音字母)에서 동일하게 x로, 一자와 無자는 영성모(零聲母)인 ø에 대응됩니다. 그런데 먼저 고려해야 할 전제 조건이 있습니다. 시기적인 차이입니다. 즉, 통시적(通時的)인 차이를 전제 조건으로 고려해야 합니다. 각각 중고중국어[中古漢語]와 근대중국어[近代漢語]의 성모(聲母) 체계를 반영하고 있는 것이라는 사실을 전제 조건으로 인정해야 합니다. 「36자모(字母)」나 「조매시(早梅詩)」에서는 각 자모(字母)가 각각 별도의 성모(聲母)를 나타내는 용도였기 때문에, 「36자모(字母)」에 반영된 중고중국어[中古漢語]나 「조매시(早梅詩)」의 근대중국어[近代漢語]에서는 현대표준중국어[普通話]의 성모(聲母) 체계와 달리, 각각 다른 발음을 나타냈던 것으로 판단해야 합니다. 중고중국어[中古漢語]와 근대중국어[近代漢語]에서 각각 다른 성모(聲母)를 나타내는 용도로 사용되었던 글자들이, 현대표준중국어[普通話]에서는 발음의 변화 과정을 거친 결과, 동일한 발음으로 귀속되는 것입니다. 그러므로 「36자모(字母)」와 「조매시(早梅詩)」는 성모(聲母)의 통시적(通時的)인 변화 과정을 반영하는 명확한 증거로서, 성운학(聲韻學) 영역에서 성모(聲母)의 변화 과정을 연구하는 데 핵심적인 자료로 활용되고 있습니다.

『광운(廣韻)』(1008)의 평성(平聲)에서 첫 번째 운(韻)은 '동운(東韻)'이고 두 번째 운은 '동운(冬韻)'입니다. 東자와 冬자는 현대표준중국어[普通話]에서 모두 dōng으로 발음되는 동음자(同音字)입니다. 하지만 『광운(廣韻)』에서는 엄격히 구별되는 발음이었던 모양입니다. 심지어 東자와 冬자는 시(詩)를 지을 때 같이 압운(押韻)할 수 있는 관계도 아니었습니다. 같은 운(韻)끼리 묶어서 배열해 놓고, 시(詩)를 지을 때 운자(韻字)를 찾기 편리하도록 구성된 책이 운서(韻書)이지 않습니까? 이 『광운(廣韻)』이라는 운서(韻書)에서는 東자와 冬자를 같이 압운(押韻)해서는 안 되는 관계로 엄격히 구분해 놓았던 것입니다. 그런데 『중원음운(中原音韻)』(1324)에서는 첫 번째 운부(韻部)의 명칭을 '동동운(東冬韻)'으로 설정했습니다. 東자와 冬자를 같이 압운(押韻)할 수 있는 관계의 동일 운(韻)으로 한데 묶은 것입니다. 같이 압운(押韻)할 수 있는 관계일 뿐만 아니라, 東자와 冬자를 성모(聲母)와 운모(韻母) 그리고 성조(聲調)까지 모든 요소가 동일한 동음자(同音字)로 분류했습니다. 현대표준 중국어[普通話]에서의 발음 관계와 동일한 양상입니다. 중고중국 어[中古漢語]에서 근대중국어[近代漢語]로, 그리고 현대표준중국 어[普通話]로의 발음 변화 과정을 명확히 확인할 수 있는 문헌상 의 증거입니다.

2.3.3. 탁음청화(濁音淸化)

앞에서 살펴본 「36자모(字母)」와 현대표준중국어[普通話] 성모 (聲母)의 대응 관계에서, 중순음(重脣音)의 幇母와 並母는 동일하 게 b로 대응되고, 설두음(舌頭音)의 端母와 定母는 d로 대응되었습 니다. 물론 음운변화(音韻變化) 과정은 고려하지 않고 표면적으로 만 대응시킨 결과입니다. 「36자모(字母)」의 전체 내용을 살펴보아 도 같은 구조이지만, 예로 들었던 幇·並母와 端·定母의 발음 관계 를 구체적으로 살펴보겠습니다. 幇母와 端母는 각각 중순음(重脣 音)과 설두음(舌頭音)에서 '전청(全淸)'으로 분류되는 자모(字母)입 니다. 「36자모(字母)」에서는 청음(淸音)을 전청(全淸)과 차청(次淸) 으로 분류했습니다. 전청(全淸)으로 분류된 자모(字母)는 '불송기 (不送氣)' 즉 무기음(無氣音)이고, 차청(次淸)은 '송기(送氣)' 즉 유기음(有氣音)의 발음방법(發音方法)을 나타냅니다. 그래서 중순음(重脣音)의 불송기(不送氣)를 나타내는 幫母는 b로 대응되는 것입니다. 그러면 전탁(全濁)으로 분류된 並母는 일률적으로 幫母처럼 불송기(不送氣)인 b로만 대응되는 것일까요? 아닙니다. 전탁(全濁) 성모(聲母)인 並母는 불송기(不送氣)인 b로 대응되는 경우도 있고, 송기(送氣)인 p로 대응되는 경우도 있습니다. 즉 並母는 탁음청화(濁音清化)라는 음운변화(音韻變化) 과정의 결과로 불송기(不送氣)인 전청(全淸) 성모(聲母) 幫母(b)와 동일한 발음으로 변화하는 경우도 있고, 송기(送氣)의 차청(次淸) 성모(聲母) 滂母(p)로 변화한 경우도 있습니다. 중순음(重脣音)의 전청(全淸) 幫母는 불송기(不送氣) b, 차청(次淸) 滂母는 송기(送氣) p를 나타내는 반면에, 전탁(全濁) 並母는 원래 탁음(濁音) 성모(聲母)였지만 탁음청화(濁音清化)의 음운변화(音韻變化) 결과에 따라 청음(淸音)인 b로 변화하는 경우와 p로 변화하는 경우의 두 가지 가능성이 모두 있었던 성모(聲母) 그룹, 즉 자모(字母)였습니다. 並母에 속하는 『광운(廣韻)』의 반절상자(反切上字) ‘蒲p·步b·裴p·薄b·白b·傍b·部b·平p·皮p·便b/p·毗p·弼b·婢b’ 등을 살펴보면, 탁음청화(濁音清化) 이후 b로 변화한 경우와 p로 변화한 경우가 섞여 있습니다. 특히 ‘便’자의 경우에서 알 수 있듯이, 평성(平聲)일 경우에는 차청(次淸) p (pián)로, 측성(仄聲)일 경우에는 전청(全淸) b (biàn)로 발음됩니다. 설두음(舌頭音)의 전탁(全濁) 定母도 마찬가지 원리로 적용됩니다. 『광운(廣韻)』의 반절상자(反切上字) 중에서 定母에 속하는 '徒t·同t·度d·杜d·唐t·堂t·田t·陀t·地d' 등이 탁음청화(濁音淸化) 이후 송기(送氣)와 불송기(不送氣)로 변화한 양상을 확인하면 알 수 있습니다. 定母도 평성(平聲)의 글자인 경우에는 차청(次淸) 透母(t)로 변했고, 측성(仄聲)인 경우에는 전청(全淸)의 端母(d)로 변화한 것입니다. 並母와 定母의 예로 탁음청화(濁音淸化) 현상에 대해서 간략히 알아보았습니다. 탁음(濁音)이 청음(淸音)으로 변화한 현상, 이때의 '탁음(濁音)'은 「36자모(字母)」에서 '전탁(全濁)'으로 분류된 並·奉·定·澄·從·邪·牀·禪·群·匣母 등으로 국한됩니다. '차탁(次濁)'으로 분류된 明·微·泥·娘·疑·喩·來·日母 등은 음운변화(音韻變化) 양상이 불규칙해서 '탁음청화(濁音淸化)' 현상에 적용되지 않습니다.

탁음(濁音)은 현대표준중국어[普通話]에서 m·n·l·r 네 개만 남아 있습니다. 하지만 중고중국어[中古漢語] 시기에는 탁음(濁音) 중에서도 전탁(全濁)이 청음(淸音)과 서로 대칭관계를 이루면서 존재했습니다. 「36자모(字母)」를 기준으로 다시 한번 살펴보겠습니다. 전탁음(全濁音)은 並 bing·奉 feng·定 ding·澄 cheng·從 cong·邪 xie·牀 chuang·禪 shan·群 qun·匣 xia 등의 총 10가지로 분류되었습니다. 전탁음(全濁音), 즉 유성음(有聲音) 성모(聲母)는 그 자체로 성대(聲帶)를 올리면서 발음되는 보음(輔音) 성분입니다. 현대 표준중국어[普通話]에서는 탁음청화(濁音淸化)의 음운변화(音韻變化)로 모두 청음(淸音) 성모(聲母)로 바뀌었습니다. 다만 차탁(次濁)으로 분류되었던 明 ming·泥 ni (娘 niang)·來 lai·日 ri 계열만 현재에도 탁음(濁音) 성모(聲母), 즉 유성음(有聲音) 계열로 남아 있습니다. 「36자모(字母)」의 차탁음(次濁音) 중에서 나머지 微 wei·疑 yi·喩 yu는 영성모(零聲母)로 통합되었습니다. 그래서 이 차탁(次濁) 계열은 지금도 남아 있는 탁음(濁音), 즉 유성음(有聲音)입니다. 並 계열은 幫 b 계열 혹은 滂 p 계열로, 奉 계열은 非 f 계열 혹은 敷 f

계열로 변화했습니다. 현대표준중국어[普通話]에 와서는 非·敷·奉 이 계열이 모두 순치음(脣齒音) f 하나로 합쳐진 것입니다. 마찬가지로 定 계열은 端 d 계열 혹은 透 t 계열로, 다시 말해 동일한 발음부위(發音部位)의 청음(淸音) 성모(聲母)로 바뀌었습니다.

여기서 전청(全淸)과 차청(次淸)이라는 개념은 둘 다 청음(淸音), 즉 무성음(無聲音)입니다. 숨결의 세기에 따라 분류한다면, 전청(全淸)은 幫·非·端·知·精·心·照·審·見·影母 등의 불송기(不送氣) 성모(聲母)를 가리키고, 차청(次淸)은 滂·敷·透·徹·淸·穿·溪·曉母 등의 송기(送氣) 성모(聲母)를 가리킵니다. 非母와 敷母가 발음상 어떤 차이가 있었는지 현재로서는 알 수 없고, 우리 한자음(漢字音)의 초성(初聲)에서도 모두 'ㅂ'으로 구분되지 않지만, 「36자모(字母)」로 분류한 당시에는 둘 사이에 차이가 있었던 모양입니다. 사실 고대 문헌에서 전청(全淸)은 불송기(不送氣)이고 차청(次淸)은 송기(送氣)라고 밝혀놓은 내용은 없습니다. 이렇게 분류만 해 봐도 이 계열은 전청(全淸)이고 저 계열은 차청(次淸)이고 이 계열은 전탁(全濁)이고 저 계열은 차탁(次濁)이고, 전청(全淸)은 불송기(不送氣)이고 차청(次淸)은 송기(送氣)이고, 전탁(全濁)은 유성음(有聲音) 성모(聲母)인데, 중고중국어[中古漢語] 시기에는 서로 구별되었기 때문에 서로 다르게 분류했구나 등의 내용을 현대 학자들이 분석하고 연구한 결과로 추정하는 것입니다.

2.3.4. 성모(聲母)의 통시적(通時的) 변화

성운학(聲韻學) 연구의 가장 중요한 자료 중의 하나인 운도(韻圖), 즉 등운도(等韻圖)에서 「36자모(字母)」 체계는 활용도가 높습니다. 운도(韻圖)는 각 글자의 성(聲)·운(韻)·조(調) 결합 구조를 확인할 수 있는 자료입니다. 「36자모(字母)」에 현대표준중국어[普通話]의 발음 체계와 혼돈되는 부분이 많은데, 이를 통해 그 당시에는 지금과 차이가 있었음을 알 수 있습니다. 대표적으로 知 계열과 照 계열은 현재 동일한 성모(聲母)로 통합되었지만, 중고중국어[中古漢語] 시기에는 발음부위(發音部位) 자체가 달랐던 글자들입니다. 발음이 서로 달랐으니, 그 당시 학자들 입장에서는 분류하고 구분하는 것이 당연하고 자연스러운 일이었을 것입니다. 『훈민정음(訓民正音)』에서 中國의 '中'자를 '듕'으로 표기했는데, 이 글자는 현대 우리말의 한자음(漢字音)에서 초성(初聲)이 'ㅈ' 계열인 '중'입니다. 15세기 중엽의 『훈민정음(訓民正音)』에서는 초성(初聲)이 'ㄷ' 계열인 '듕'으로 표기된 사실로 미루어 보아, '中'자의 원래 발음은 「36자모(字母)」의 분류에서 '치음(齒音) 계열이 아닌 '설음(舌音)'에 속했다는 사실을 확인할 수 있습니다. '춘향뎐(春香傳)'에서 '뎐'으로 표기된 '傳'자도 있습니다. '中'자나 '傳'자처럼 초성(初聲)을 'ㄷ'으로 표기했다가 현대에는 'ㅈ'으로 표기되는 예들은, '설음(舌音)' 계열임을 알 수 있습니다. 이처럼 중국의 성운학(聲韻學)을 이해하는 데에 있어서, 우리 한자음(漢字音)을 알고 있으면 현대표준중국어[普通話]만을 학습한 중국 학생들보다 더 쉽게 이해할 수 있는 부분도 있습니다.

다음은 아음(牙音)과 후음(喉音)에 대해서 살펴보겠습니다. 아음(牙音)에는 見 jian·溪 qi·群 qun·疑 yi가 있고, 후음(喉音)에는 影 ying·曉 xiao·匣 xia·喩 yu가 있습니다. 사실 후아음(喉牙音)은 발음부위(發音部位)를 세분화하기가 어렵습니다. 후아음(喉牙音)은 현대표준중국어[普通話]에서 설근음(舌根音) 계열로 분류되는데, 아음(牙音)에도 후음(喉音)에도 j·q·x 계열이 있습니다. 물론 「36자모(字母)」에 반영된 중고중국어[中古漢語]의 성모(聲母) 체계에서는 j·q·x 계열이 형성되지 않았고, 심지어 근대중국어[近代漢語]의 「조매시(早梅詩)」에서도 이 계열은 형성되지 않았던 상태로 추정합니다. j·q·x 계열의 형성은 설면음화(舌面音化), 즉 구개음화(口蓋音化)가 이루어지고 난 이후입니다. 아음(牙音)의 차청(次淸) '溪'자는 xi라는 발음으로 사용되는 빈도가 높지만, 「36자모(字母)」에서는 qi

로 발음해야 합니다. 아음(牙音) 불송기(不送氣) 전청(全淸)인 '見'자
와 대응하는 송기(送氣) 차청(次淸)을 나타내는 용도로서의 '溪'자,
즉 색음(塞音) 혹은 후에 색찰음(塞擦音)으로 변화한 '溪'자를 나타
내기 때문에, 찰음(擦音)의 발음인 xi가 아니라 색찰음(塞擦音) qi로
발음하는 것입니다. 「36자모(字母)」에서 'ㄱ/ㅋ(g/k)' 계열인 見·溪·
群 세 글자는 그 당시에 색음(塞音)이었지만, 설면음화(舌面音化)의
조건에 부합하는 음절(音節) 구성, 즉 모음(母音) 'ㅣ(i)'가 바로 연결
되는 경우에 해당하므로, 설면음화(舌面音化)의 음운변화(音韻變化)
이후 현대표준중국어[普通話]에서 'ㅈ/ㅊ(j/q)' 계열의 색찰음(塞擦
音)으로 발음됩니다. 그런데 현대표준중국어[普通話]의 발음으로
는 見·溪·群 세 글자 모두 설면음화(舌面音化)의 조건에 부합하는
예가 되기 때문에, 자칫하면 「36자모(字母)」 아음(牙音)의 발음을 j/
q계열로 오해할 수도 있습니다. 사실 「36자모(字母)」에서의 見·溪·
群은 見母·溪母·群母라는 의미로, 각각 해당 성모(聲母)의 글자들을
대표하는 자모(字母)로 사용되었을 뿐입니다. 당연히 見母·溪母·群
母에 속하는 글자들이 모두 일률적으로 '설면음화(舌面音化)'의 적
용을 받게 되는 것은 아닙니다. 각 글자의 음절(音節) 구성에서 모
음(母音) 'ㅣ(i)'가 바로 연결되는 조건이 구비되어야 설면음화(舌面
音化)가 발생할 수 있습니다. 見母에 속하는 『광운(廣韻)』의 반절상

자(反切上字) '居j·九j·俱j·擧j·吉j·紀j·几j·兼j·佳j·古g·公g·過g·各g· 格g·規g·姑g·詭g' 등의 예를 보아도 j계열과 g계열이 혼재하고 있 습니다. 見母에 속하는 반절상자(反切上字)의 예에서 나타나는 바 와 같이, 이 계열을 성모(聲母)로 사용하는 글자들이 모음(母音) 'ㅣ (i)'와 결합되는 경우에는 j계열의 발음으로 변화하고, 'ㅣ (i)'가 아닌 다른 모음(母音)과 결합하는 경우에는 g계열로 남아 있습니다. '高 (gāo)'자와 '光(guāng)'자 모두 여전히 g계열로 남아 있는 예입니다. 다시 말하면, 원래 g계열인 見母의 글자들이 음운변화(音韻變化)의 결과 두 부류로 나누어진 것입니다. g계열의 성모(聲母)로 그대로 남아 있는 경우와, j계열의 성모(聲母)로 바뀐 경우인데, 후자는 'ㅣ (i)'라는 모음(母音)과 직접 결합될 때 발생하는 설면음화(舌面音化) 현상의 결과입니다. 溪母에 속하는 『광운(廣韻)』의 반절상자(反切上 字) '客k·枯k·苦k·康k·可k·空k·窺k·口k' 등과 '欽q·牽q·丘q·綺q·去 q·區q·乞q·弃q·曲q·羌q·傾q·驅q·卿q·謙q·起q' 등도 설면음화(舌面 音化)의 영향을 받은 이후에는 k계열과 q계열로 구분되지만, 중고 중국어[中古漢語] 시기에는 동일하게 '溪母'에 속하는 글자들입니 다. 「36자모(字母)」는 설면음화(舌面音化)가 발생하기 이전의 발음 상황에 근거한 분류이기 때문에, 현대표준중국어[普通話]의 발음 으로 대응시키면 서로 다른 성모(聲母)의 글자들이 한 자모(字母)에

섞여 있는 것처럼 보이기도 합니다.

치두음(齒頭音)에서도 설면음화(舌面音化) 현상을 확인할 수 있습니다. 精 jing·淸 qing·從 cong·心 xin·邪 xie는 치두음(齒頭音)으로, z·c·s 계열의 설첨전음(舌尖前音)으로 추정합니다. z·c·s 계열이든 g·k·h 계열이든 'ㅣ(i)'라는 모음(母音)과 만나면 설면음(舌面音)으로 변화합니다. 모음(母音) 'ㅣ(i)' 자체가 혓바닥이 입천장에 접촉하듯이 발음하는, 설면(舌面)과 구개(口蓋)가 밀접하게 연계된 발음부위(發音部位)와 발음방법(發音方法)으로 이루어진 모음(母音)입니다. 그러므로 모음(母音) 'ㅣ(i)'에 가장 자연스럽게 결합될 수 있는 자음(子音)이 바로 설면음(舌面音)입니다. 우리말에서는 기차의 '기'자를 쓰지 않습니까? 그런데 이 계열이 현대표준중국어[普通話]에서는 설면음(舌面音) j·q·x 계열로 바뀌었습니다. '見'자도 마찬가지로 우리말의 '견'이라는 발음이 현대표준중국어[普通話]에서는 모음(母音) 'ㅣ(i)'가 운두(韻頭)로 사용되면서 설면음(舌面音) jian으로 바뀌게 됩니다. 우리말과 중국어의 설면음화(舌面音化) 차이를 알 수 있는 예입니다. 또한 현대표준중국어[普通話]에서는 설면음화(舌面音化)가 명확히 나타나지만, 현재에도 일부 지역의 방언(方言)에서는 설면음화(舌面音化) 현상이 적용되지 않고 '見'자를 gian으로 발음하는 사실을 확인할 수 있습니다. 우리말의 예나 중국어 방언(方言)의 예에서 볼 수 있듯이, g·k·h 계열이 모음(母音) 'ㅣ(i)'와 결합하더라도 j·q·x 계열로 바뀌지 않고 그대로 g·k·h의 발음을 유지하는 것이 불가능한 현상은 아니지만, 모음 (母音) 'ㅣ(i)'의 발음 상황을 고려한다면, 중국어 발음의 변화 추세는 현대표준중국어[普通話]처럼 j·q·x 계열의 발음으로 바뀌는 흐름으로 볼 수 있습니다.

「조매시(早梅詩)」는 첫 구절이 "東風破早梅"로 시작됩니다. "早梅"라는 표현이 있어서 「조매시(早梅詩)」라고 제목을 붙이게 된 것입니다. 「36자모(字母)」와 비교해 본다면, '氷·破·梅'자와 '風·無'자는 「36자모(字母)」에서 순음(脣音) 幫·滂·明母와 非·微母 계열에 해당하고, 「36자모(字母)」의 전탁(全濁) 並母와 敷·奉母에 해당하는 글자는 「조매시(早梅詩)」에 없습니다. 이러한 분류상의 차이에 근거하여, 「조매시(早梅詩)」가 반영하고 있는 성모(聲母) 체계는 並母 계열이 幫母와 滂母로 변화하고 난 이후의 발음 상황, 즉 탁음청화(濁音淸化) 현상이 적용된 이후의 상황으로 추정할 수 있습니다. 그리고 非·敷·奉母 계열이 모두 '風'자로 합쳐진 사실도 확인할 수 있습니다. '東·天·暖·來'자는 설음(舌音) 端·透·泥·來母 계열이고 전탁(全濁) 定母와 설상음(舌上音) 知·徹·澄·娘母에 해당하는 글자는 별도로 나타나지 않습니다. 또한 '早·從·雪'자는 치두음

한자와 성운학

(齒頭音)인 精·淸·心母 계열에 해당하는 글자이고, '枝·春·上'자는 정치음(正齒音) 照·穿·審母 계열에 해당하는 글자입니다. '從'자는 「36자모(字母)」에서 전탁(全濁) 從母에 속하는 글자였겠지만 「조매시(早梅詩)」에서는 탁음청화(濁音淸化) 결과 淸母로 변화한 것으로 추정됩니다. 心母인 '雪'자는 현대표준중국어[普通話]로 읽으면 xue이지만 치두음(齒頭音)인 z·c·s에서의 s[s]로 보아야 합니다. 왜냐하면 현대표준중국어[普通話] 성모(聲母) 체계로 대응시킨다면 '向(xiang)'자도 x라는 성모(聲母)로 나타나므로 '雪'자와 '向'자가 동일한 성모(聲母)를 나타내는 형식이 되어버립니다. 그런데 20자의 한정된 수량으로 당시의 성모(聲母) 체계를 나타내고자 했던 「조매시(早梅詩)」에서 동일 성모(聲母)에 두 글자나 사용했을 리는 없습니다. 현대표준중국어[普通話]의 성모(聲母) x는 치두음(齒頭音) s(ㅅ)와 설근음(舌根音) h(ㅎ)가 설면음화(舌面音化)한 결과로 나타날 수 있는데, '雪'자와 '向'자 중에서 어느 하나만 설면음화(舌面音化) 결과의 x로 간주하면 전체적인 구조에서 적절하지 않고, 설근음(舌根音) 계열과 치두음(齒頭音) 계열이 대칭되도록 간주하는 것이 성모(聲母) 체계의 구조면에서 합리적일 것으로 보입니다. 따라서 '見·開·向'자는 아음(牙音) 見·溪母와 후음(喉音) 曉母 계열, 즉 현대의 설근음(舌根音) g·k·h 계열로 대응시켜야 할 것입니다.

같은 원리로 '早·從·雪'자는 z·c·s 계열로 추정해야 할 것입니다.

　물론 명(明)나라 시기에 서양 선교사들의 빈번한 왕래가 있었고, 알파벳으로 발음을 표기한 서양 선교사의 저작도 있습니다. 하지만 난무(蘭茂)라는 이 중국학자는 알파벳을 접해보지 못했기 때문에 그냥 한자(漢字)로만 표기해 두었습니다. 현대의 학자들이 「조매시(早梅詩)」를 한어병음자모(漢語拼音字母)와 대응시켜 분석한 결과, 「조매시(早梅詩)」로 성모(聲母) 체계를 표현했던 그 당시에도 j·q·x 계열이 형성되기 전이라고 판단할 수밖에 없었던 것입니다. 「조매시(早梅詩)」의 '見'자 또한 「36자모(字母)」에서와 마찬가지로 아음(牙音) 見母 계열로 추정하는 것이 합리적입니다. 그리고 'ㅡ'자는 영성모(零聲母)를 나타낸 것으로 판단해야 합니다. 「36자모(字母)」의 影·疑·喩·微母 등은 현대표준중국어[普通話] 영성모(零聲母)의 유래가 되는 성모(聲母)입니다. 예를 들어 '五'자는 현대표준중국어[普通話]에서 영성모(零聲母)이지만 「36자모(字母)」에서는 疑母에 해당합니다. 다른 예로, '微'자도 현대표준중국어[普通話]에서는 영성모(零聲母)이지만 「36자모(字母)」에서는 m계열의 중순음(重脣音) 明母에 대응되는 경순음(輕脣音)입니다. '微'자의 경우는 우리 한자음(漢字音)으로 읽었을 때 초성(初聲)이 'ㅁ(미음)'으로 m 계열입니다. 중순음(重脣音) 明母인 '明'자와 경순음

(輕脣音) 微母인 '微'자가 모두 우리 한자음(漢字音)에서는 'ㅁ', 즉 m 계열이지만, 微자는 현대표준중국어[普通話]에 와서 영성모(零聲母)로 바뀐 반면에 '明'자는 여전히 m 계열의 성모(聲母)로 남아 있습니다. 경순음(輕脣音) 微母는 「36자모(字母)」에서 m계열의 중순음(重脣音) 明母에 가깝지만 [m]과 차이가 있는 순치(脣齒) 비음(鼻音)이라는 의미에서 일부 학자들은 [ɱ]으로 재구음을 설정하는 경우도 있습니다. 그런데 『훈민정음(訓民正音)』에서는 微母를 'ㅁ(미음)' 계열인 明母와의 연관성도 나타내면서 차이점도 구분하기 위해서 'ㅁ' 밑에 동그라미를 더해 순경음(脣輕音) 미음 'ㅁ'으로 표기했습니다. 이처럼 『훈민정음(訓民正音)』에서는 「36자모(字母)」의 경순음(輕脣音)을 표기하기 위하여 'ㅂ·ㅍ·ㅃ·ㅁ' 아래에 'ㅇ'을 연서(連書)하는 순경음(脣輕音) 표기법을 채택했습니다. 「36자모(字母)」와 순경음(脣輕音)은 각각 '非母ㅸ'·'敷母ㆄ'·'奉母ㅹ', 그리고 '微母ㅱ'으로 대응됩니다. 이 중에서 'ㅸ'은 순수 우리말의 표기에 사용되는 경우도 있었지만, 그 외의 'ㅱ·ㆄ·ㅹ' 등은 우리말이 아닌 중국어 발음을 표기하는 용도로 사용되었습니다. 특히 'ㅱ'은 자모(字母)인 '微母[m]'를 나타낼 뿐만 아니라 운미(韻尾) 'ㅜ[w]'를 나타내는 용도로 사용되기도 하였습니다.

이상으로 「36자모(字母)」에 반영된 중고중국어[中古漢語] 시기의 성모(聲母) 체계와 「조매시(早梅詩)」에 나타난 근대중국어[近代漢語]의 성모(聲母) 체계를 중심으로 성모(聲母)의 통시적(通時的)인 변화에 대하여 살펴보았습니다. 이 과정에서 중국어 성모(聲母)와 『훈민정음(訓民正音)』 표기법의 대응 관계를 비교해서 확인해 보면, 이해의 폭을 넓히는 데 도움이 클 것으로 생각됩니다.

한자와 성운학

제3장

운모(韻母)

3.1. 운모(韻母)의 개념

3.1.1. 운모(韻母)의 정의

> **韻母**
>
> - 중국어 音節 構成 3요소의 하나
> - 聲母를 제외한 나머지 부분의 元音(母音)과 輔音(子音) 성분
> - 우리말 음절 중 '母音(中聲)' 혹은 '母音(中聲)+子音(終聲)'과 대응
> - 현대표준중국어[普通話]에서 韻母에 사용될 수 있는 輔音(子音)은 운미 (韻尾) 위치의 [n]과 [ng(ŋ)]뿐임

운모(韻母)는 음절(音節)을 구성하는 3요소 성모(聲母)·운모(韻母)·성조(聲調) 중의 하나입니다. 이 중에서 성조(聲調)는 성모(聲母)나 운모(韻母)와는 달리 구체적인 음소(音素) 형태로 나타나지 않기 때문에 초분절음소(超分節音素)[6]로 분류됩니다. 초분절음소(超分節音素)는 분절음소(分節音素)에 상대되는 개념입니다. 분절음소(分節音素)는 우리가 흔히 알고 있는 모음(母音)과 자음(子音)

---

6   초분절음소(超分節音素): 음운(音韻)처럼 구분되지 않고 하나 이상의 분절음(分節音)에 걸쳐 나타나는 운소(韻素)적 요소. 강세(强勢)·고저(高低)·억양(抑揚)·음장(音長) 따위가 이에 해당합니다.

을 지칭합니다. 중국어 음절(音節)에서 운모(韻母)를 구성하는 분절음소(分節音素)는 '성모(聲母)를 제외한 나머지 원음(元音)과 보음(輔音)'으로 한정할 수 있습니다. 원음(元音)은 모음(母音)과, 보음(輔音)은 자음(子音)과 동일한 용어입니다. 중국 언어학에서는 주로 원음(元音)·보음(輔音)이라는 용어를 사용하고, 국내 언어학에서는 일반적으로 모음(母音)·자음(子音)이라는 용어를 사용하고 있습니다. 성운학(聲韻學)에서는 음소(音素) 층위의 원음(元音)·보음(輔音) 이외에도 중국어 음절(音節)을 분석하는 단위로 성모(聲母)·운모(韻母), 즉 보음(輔音)으로 구성된 '성모(聲母)', 그리고 원음(元音) 혹은 원음(元音)과 보음(輔音)이 결합된 형식으로 나타나는 '운모(韻母)'라는 구성 요소를 주요 분석 대상으로 삼고 있습니다. 성모(聲母)와 보음(輔音)은 동일한 개념이 아니고, 운모(韻母)와 원음(元音) 또한 동일한 개념이 아닙니다.

guāng을 예로 들면, 가장 앞에 위치한 g는 성모(聲母)이고, 나머지 원음(元音)과 보음(輔音) 성분인 uang은 운모(韻母)입니다. 운모(韻母) uang은 세 요소로 이루어져 있습니다. 이 세 요소는 u-a-ng으로 분석됩니다. 이 중에서 ng는 비록 알파벳 두 글자를 사용해서 나타내지만, n과 g라는 각각의 음소(音素)를 의미하는 것이 아니라, 한어병음자모(漢語拼音字母)에서 하나의 음소(音素)를 나타내는 표기상의 약속입니다. 국제음성기호(國際音聲記號)로는 [ŋ]으로 표기합니다. 즉, uang이라는 운모(韻母)는 u-a-ng(u-a-ŋ) 세 가지 요소로 분석됩니다. 다른 음절(音節)을 예로 들어보면, hěn은 h라는 성모(聲母)와 en이라는 운모(韻母)로 이루어져 있습니다. 이때의 운모(韻母) en은 e와 n 두 음소(音素)로 구성되어 있습니다. 그리고 성모(聲母) h로 발음이 시작될 때부터 운모(韻母) en으로 마무리될 때까지 음의 높낮이 변화를 나타내는 초분절음소(超分節音素)인 성조(聲調)(ˇ)가 분절음소(分節音素)인 h-e-n에 두루 걸쳐서 발음됩니다. 그래서 중국어 음절(音節)은 성모(聲母)·운모(韻母)·성조(聲調) 세 가지 요소로 이루어져 있다고 설명합니다.

　성모(聲母)는 기본적으로 보음(輔音)인 반면, 운모(韻母)는 원음(元音)이 주축을 이루고 있습니다. 그런데 운모(韻母) 중에는 원음(元音) 이외에 보음(輔音)이 동반되는 경우도 있습니다. 그러므로 운모(韻母)는 음절(音節)을 구성하는 음소(音素) 중에서 '성모(聲母)를 제외한 나머지 원음(元音)과 보음(輔音) 부분'이라고 정의할 수 있겠습니다.

3.1.2. 한중 음절(音節) 구조 비교

우리말의 음절(音節) 구조와 대응시켜 보면, 중국어 음절(音節)의 구성 요소를 이해하는 데 도움이 될 수도 있습니다. 우리말은 자음(子音)-모음(母音)-자음(子音), 즉 초성(初聲)-중성(中聲)-종성(終聲)이 가장 기본적인 구조입니다. 물론 '도'나 '화'처럼 초성(初聲)과 중성(中聲)으로만 이루어져 종성(終聲)이 없는 글자도 있고, '간(안)'이나 '울(울)'처럼 초성(初聲)이 없는 경우도 있습니다. 특히 '간'이나 '울'처럼 초성(初聲)이 없는 글자는 초성(初聲)의 빈자리를 '음가(音價)가 없는 이응(ㅇ)'으로 메꾸어서 표기합니다. 반면, 이응(ㅇ)이 받침, 즉 종성(終聲) 자리에 표기될 때에는 비음(鼻音) ng [ŋ]에 해당하는 음가(音價)를 나타냅니다. 이처럼 현대국어에서 이응(ㅇ)은 초성(初聲)에 사용되는 경우와 종성(終聲)에 사용되는 경우에 서로 다른 음가(音價)를 가집니다.

하지만 중세국어에서는 역할이 달랐습니다. 1443년에 『훈민정음(訓民正音)』이 창제된 후 우리 한자음(漢字音)을 통일하여 한글로 표준음을 제시하려는 의도로 『동국정운(東國正韻)』(1448)이라는 운서(韻書)를 편찬했습니다. 『동국정운(東國正韻)』에서는 각각의 글자마다 초성(初聲)·중성(中聲)·종성(終聲) 세 요소 모두 빈자리 없이 채워서 자형(字形)을 정립했습니다. 그러다 보니 '아'자는 사실 모음(母音) 'ㅏ' 하나만으로 발음이 전달되는, 즉 'ㅏ'라는 하나의 음소(音素)로 이루어진 음절(音節)이지만, 그 당시에는 초성(初聲) 자리와 종성(終聲) 자리에 음가(音價) 없는 이응(ㅇ)을 채워서 '앙'으로 표기했습니다. 이러한 표기 방식을 '동국정운(東國正韻)식 한자음(漢字音) 표기법'이라고 합니다. 그렇다면 현대국어 표기법에서와 같이 '아'와 '앙'이 서로 다른 음절(音節)을 나타낼 때는, 현대국어의 '앙'에 표기된 종성(終聲) 이응(ㅇ)이 ng [ŋ]에 해당하는 음소(音素)임을 누구나 알고 있을 것입니다. 이 ng [ŋ]이라는 음가(音價)를 나타내는 '이응'을 『훈민정음(訓民正音)』 창제 당시에는 '옛이응(ㆁ)'으로 표기하여 음가(音價) 없는 이응(ㅇ)과 구별하였습니다. '동국정운(東國正韻)식 한자음(漢字音) 표기법'에 따르면, 종성(終聲)이 없는 글자는 음가(音價) 없는 이응(ㅇ)을 종성(終聲)에 채워 넣었으므로, 당시 표기 방식으로 '강'은 현대의 '가'에 해당하고, '황'은 '화'에 해당합니다. 현대의 '강'과 '황'을 나타내는 당시의 표기 방식은 '강'과 '황'으로서 종성(終聲)을 옛이응(ㆁ)으로 표기해야 합니다. 이처럼 중세국어에서 음가(音價) 있는 옛이응(ㆁ)이 종성(終聲) 위치에 사용되는 예는, 현대국어에서 종성(終聲)으로 사용된 이응(ㅇ)의 용법과 동일합니다.

그런데 중세국어에서는 옛이응(ㆁ)이 종성(終聲)뿐만 아니라 초성(初聲)에 사용된 경우도 있습니다. 『훈민정음언해(訓民正音諺解)』에서 '語'자를 '엉'로 표기한 예를 찾아볼 수 있습니다. 다만, 조선 중기 이후에는 발음의 변화가 반영되어 옛이응(ㆁ)이 더 이상 초성(初聲)에는 사용되지 않았고, '동국정운(東國正韻)식 한자음(漢字音) 표기법'도 실효성이 떨어져 사용되지 않던 시기였기에, 종성(終聲)이 없는 글자에 음가(音價) 없는 이응(ㅇ)을 채워 넣어 초성(初聲)-중성(中聲)-종성(終聲)을 모두 갖춘 형식으로 표기하던 방식도 폐기되었습니다. 즉, '語'자를 조선 초기의 '동국정운(東國正韻)식 한자음(漢字音) 표기법'으로는 '엉'라고 표기하였지만, 조선 중기 이후에는 현대국어처럼 '어'로 표기하게 되었습니다. 성모(聲母) 부분에서 살펴보았던 36자모(字母) 체계에 따르면, 옛이응(ㆁ)은 아음(牙音)의 차탁(次濁) '疑母'에 해당하고, 음가(音價) 없는 이응(ㅇ)은 후음(喉音)의 차탁(次濁) '喩母'에 해당합니다. 조선 초기에는 우리 한자음(漢字音)에서도 중국의 발음에 따라 구별하여 사용했음을 알 수 있는 사례입니다. 중세국어의 자음(子音)에서 이 두 가지 발음과 표기법은 조선 중기 이후에는 이응(ㅇ)으로 통합되었습니다. 그러면서 종성(終聲) 자리의 이응(ㅇ)은 음가(音價)가 있는 -ng[ŋ]을 나타내고, 초성(初聲)에 사용된 이응(ㅇ)은 구체적인 음가(音

價) 없이 초성(初聲) 자리를 채워 한글 자형(字形)을 정립하는 역할만 수행하게 되었습니다.

이러한 우리말 표기법의 상황에 대한 이해를 바탕으로, 중국어의 음절(音節) 구조와 대응시켜 살펴보겠습니다. 우리말의 초성(初聲)에 해당하는 것은 중국어의 성모(聲母)입니다. 중국어의 운모(韻母)에 해당하는 부분은 중성(中聲)과 종성(終聲)입니다. 우리말의 발음에는 중성(中聲)만 있는 경우도 있고(예: 아·오·우 등), 종성(終聲) 없이 초성(初聲)과 중성(中聲)으로 끝나는 글자도 있고(예: 가·모·부 등), 초성(初聲), 중성(中聲), 종성(終聲)이 모두 갖추어진 글자도 있습니다(예: 갑·목·분 등). '부'자는 초성(初聲)과 중성(中聲)으로 구성되어 있고, '분'자는 초성(初聲) ㅂ(비읍)과 중성(中聲) ㅜ(우) 그리고 종성(終聲) ㄴ(니은)으로 구성되어 있습니다. 주목할 점은, 우리말의 종성(終聲) 자리에 사용될 수 있는 음소(音素)는 자음(子音)이지만, 중국어의 운모(韻母)는 우리말의 종성(終聲) 위치에 해당하는 운미(韻尾) 자리에 자음(子音)이 들어갈 수도 있지만, 모음(母音)도 운미(韻尾)로 사용될 수 있다는 사실입니다. 게다가 현대 표준중국어[普通話]에서 운미(韻尾)로 사용될 수 있는 자음(子音)은 n [n]과 ng [ŋ] 두 음소(音素)밖에 없습니다. 물론 현대중국어[現代漢語]의 일부 방언(方言)이나 고대중국어[古代漢語]에서는 운미

(韻尾)로 사용될 수 있는 자음(子音)이 훨씬 다양하게 존재합니다. 이 내용은 잠시 후에 좀 더 구체적으로 살펴보겠습니다.

성모(聲母)와 운모(韻母)에 대한 설명은 기초중국어 혹은 초급 중국어 회화 교재의 도입 부분에서 쉽게 찾아볼 수 있습니다. 그런데 우리나라의 초학자들에게는 성모(聲母)와 운모(韻母)라는 용어 자체가 생소한 표현이기 때문에, 자음(子音)과 모음(母音)이라는 익숙한 용어로 대신해서 설명하기도 합니다. 다만 정확한 표현은 아니라는 점을 기억해야 합니다. 왜냐하면 운모(韻母)에는 모음(母音)뿐만 아니라 자음(子音)도 들어갈 수 있기 때문입니다. 그리고 모든 자음(子音)이 다 성모(聲母)로 사용될 수 있는 것도 아니기 때문입니다. 층위가 다른 용어입니다. 성모(聲母)와 운모(韻母)를 자음(子音)과 모음(母音)으로 일대일로 대응시켜 설명하는 것은 정확한 설명이 아닙니다. 대신에 우리말의 표기법과 한글의 구조에 대한 이해를 바탕으로, 성모(聲母)는 한글의 초성(初聲)에 해당하고 운모(韻母)는 중성(中聲) 혹은 중성(中聲)과 종성(終聲)이 합쳐진 경우에 해당한다고 정리해 두면, 중국어의 음절(音節) 구조를 파악하는 데에 한층 더 효율적일 것이라고 생각됩니다.

한자와 성운학

3.1.3. 모음(母音)의 분류

운모(韻母)의 구성 요소와 분류를 이해하기 위해서는 모음(母音), 즉 원음(元音)에 대한 이해가 선행되어야 합니다. 운모(韻母)와 원음(元音)은 비록 다른 층위의 개념이지만, 운모(韻母)는 원음(元音)이 주축을 이루는 구조이기 때문입니다. 단순히 운모(韻母)를 구성하는 음소(音素) 측면만 고려한다면, 원음(元音)으로만 이루어져 있는 운모(韻母)가 더 많습니다. 운모(韻母)에 보음(輔音)이 사용되기도 하지만 원음(元音)에 비해서는 소수입니다. 현대표준중국어[普通話]에서 운모(韻母)에 사용될 수 있는 보음(輔音)은 -n[-n]과 -ng[-ŋ] 두 가지밖에 없습니다. 현대중국어[現代漢語]의 방언(方言)에서는 -m·-n·-ng 세 가지 보음(輔音)이 운미(韻尾)로 사용되는 경우도 있습니다. 우리 한자음(漢字音)의 미음 받침(-ㅁ)에 해당하는 -m도 운미(韻尾)에 사용됩니다. -p·-t·-k, 즉 입성(入聲) 요소를 우리 한자음(漢字音)에 대응시키면 비읍 받침(-ㅂ)의 한자음(漢字音)(예: 甲·葉·合 등), 기역 받침(-ㄱ)의 한자음(漢字音)(예: 各·易·學 등), 그리고 중국어 발음에서는 -t에 해당하지만 우리말에서는 리을 받침(-ㄹ)으로 변화한 한자음(漢字音)(예: 曷·熱·割 등)입니다. 그래서 운모(韻母)에 사용될 수 있는 보음(輔音)은 -m·-n·-ng·-p·-t·-k 총

6가지이지만, 현대표준중국어[普通話]에서는 -n과 -ng 두 가지만 사용되고 있습니다. -n과 -ng 외에 현대표준중국어[普通話]의 운모(韻母)에 사용되는 음소(音素)는 모두 원음(元音)입니다. 그래서 원음(元音)의 구조를 먼저 살펴보고자 합니다.

원음(元音)의 종류와 분류는 원음설위도(元音舌位圖)를 통해서 확인할 수 있습니다. 앞에서 언급한 바와 같이, 원음(元音)은 모음(母音)입니다. 설(舌)은 '혀'이고 위(位)는 '위치'이며 도(圖)는 '그림' 이므로, '원음설위도(元音舌位圖)'란 모음(母音)을 발음할 때 혀의 위치가 어떠한지를 살펴볼 수 있는 그림입니다. 달리 말하면, 구강(口腔) 내부에서 각각의 원음(元音)이 발음되는 위치를 나타내는 그림입니다. 모음삼각도(母音三角圖) 혹은 모음사각도(母音四角圖) 라고도 합니다. '아[a]'라는 요소를 하나라고 가정하면, 전체적인 모양이 역삼각형 형태가 되어 모음삼각도(母音三角圖)라고 부릅니다. '아'의 분류를 전설모음(前舌母音) '아[a]'와 후설모음(後舌母音) '아[ɑ]'로 구분하는 경우에는, 사다리꼴의 사각형을 뒤집어 놓은 것처럼 보입니다. 그래서 모음사각도(母音四角圖)라고 부릅니다. 모음삼각도(母音三角圖)와 모음사각도(母音四角圖)는 '아[a]'라는 음소(音素)를 분류하는 방식에서 나타나는 차이일 뿐입니다.

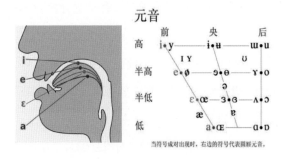

〈그림 4〉元音舌位圖

전설(前舌) 아[a]와 후설(後舌) 아[ɑ]에 대해 간단히 설명하자면, 다른 음소(音素)와 결합할 때 그 음소(音素)가 전설모음(前舌母音)인지 후설모음(後舌母音)인지에 따라서 '아'의 성격이 전설(前舌) '아[a]' 혹은 후설(後舌) '아[ɑ]'로 구분될 수 있습니다. 전설(前舌) 고모음(高母音) '이[i]'와 결합하는 경우, 구강(口腔) 구조 및 발음 원리상 후설모음(後舌母音) '아[ɑ]'는 결합하기가 어렵고 전설모음(前舌母音)인 '아[a]'와 자연스럽게 결합할 수 있습니다. 반대로 '꽃'이라는 의미의 '화' 혹은 '우아하다' 중의 '우아'를 발음해 보면, '화'의 반모음 '우[-w-]'나 '우아'의 '우[u]'는 모두 후설모음(後舌母音)이기 때문에, 전설(前舌) '아[a]'와 후설(後舌) '아[ɑ]' 중에서 후설모음(後舌母音) '아[ɑ]'가 자연스럽게 결합할 수 있습니다.

중국어를 생각해 보면, gao 중의 ao도 마찬가지입니다. a와 후설모음(後舌母音)인 o가 결합되기 때문에 이때의 a는 후설모음(後舌母音) [ɑ]로 발음되는 것입니다. 일반적으로 간략 표기법으로 '아'를 전설(前舌)과 후설(後舌)로 구분하지 않고 '아[a]'라는 음소(音素) 하나만으로 표기한다면 '모음삼각도(母音三角圖)'에서의 분류라고 볼 수 있습니다. 반면에, '아'를 전설(前舌) '아[a]'와 후설(後舌) '아[ɑ]'로 분류해서 표기한다면 이것은 '모음사각도(母音四角圖)'에서의 분류라고 볼 수 있습니다.

모음(母音)은 혀의 높이와 혀의 전후(前後) 위치에 따라 구분할 수 있습니다. 다시 말하면, 혀의 높이에 근거해 고(高)·중(中)·저(低)로 세분할 수 있고(高母音·中母音·低母音), 혀의 전후(前後) 위치에 따라 전설(前舌)·중설(中舌)·후설(後舌)로 세분할 수 있습니다(前舌母音·中舌母音·後舌母音). 다만 우리말에서는 전설(前舌)·중설(中舌)·후설(後舌)로 분류하지만, 중국 언어학에서는 일반적으로 전(前)·앙(央)·후(後)로 지칭합니다(前元音·央元音·後元音). 실제 발음으로 살펴보면, '우[u]'라는 모음(母音)은 입술을 동그랗게 오므린 채 구강(口腔)의 안쪽[後]인 혀뿌리[舌根] 쪽에서 발음이 형성되지만, 모음(母音) '이[i]'는 입술을 옆으로 벌린 채 구강(口腔)의 앞쪽[前]에서 발음이 형성되는 것을 느낄 수 있습니다. 그리고 중국어를 배우기 시작하는 초창기에 발음하기가 어려워서 거듭 강조하고 연습하는 모음(母音)인 ü [y]가 있습니다. 이 모음(母音)은, 입술은 'ㅜ [u]'처럼 동그랗게 하는 원순모음(圓脣母音)인데 구강(口腔) 내에서 혀의 위치는 'ㅣ [i]'를 발음하는 원리와 같은 전설(前舌) 고모음(高母音)입니다. 그래서 'ㅣ [i]'를 발음하면서 입술을 동그랗게 말아주면 바로 'ㅟ [y]'라는 모음(母音)이 됩니다. 중국어에서는 모음(母音) ü [y]가 단모음(單母音)이기 때문에 입술 모양이 변하면 안 됩니다. 그런데 우리말에서는 모음(母音) 'ㅟ'를 단모음(單母音)으로 규정해 놓고는 있지만, 실제 생활에서는 복모음(複母音)으로 발음하는 것도 허용하고 있습니다.[7] 왜냐하면 한국사람

---

7   표준어 규정[시행 2017. 3. 28.] 문화체육관광부 고시 제2017-13호(2017. 3. 28.) 제2부(표준 발음법) 제2장(자음과 모음) 제4항: "ㅏ·ㅐ·ㅓ·ㅔ·ㅗ·ㅚ·ㅜ·ㅟ·ㅡ·ㅣ'는 단모음으로 발음한다." [붙임]: "'ㅚ·ㅟ'는 이중 모음으로 발음할 수 있다." [해설]: "전설 원순 모음에 해당하는 'ㅟ'와 'ㅚ'는 단모음 대신 이중 모음으로 발음하는 경우도 적지 않다. 이러한 발음 현실을 감안하여 [붙임]에서는 'ㅟ'와 'ㅚ'의 경우 단모음 대신 이중 모음으로 발음하는 것도 허용하고 있다. 'ㅟ'를 이중 모음으로 발음할 경우에는 반모음 'ㅜ[w]'와 단모음 'ㅣ'를 연속하여 발음하는 것과 같다. 'ㅚ'를 이중 모음으로 발음할 경우에는 반모음 'ㅜ[w]'와 단모음 'ㅔ'를 연속하여 발음하는 것과 같아서 'ㅞ'와 동일하다고 할 수 있다. 예컨대 '회'의 경우 'ㅚ'를 단모음으로 발음하는 [회]와 이중 모음으로 발음하는 [훼]가 모두 표준 발음으로 인정된다."

극소수를 제외하고는 이 발음을 할 때 대부분이 입술 모양에 변화를 주어 단모음(單母音)이 아닌 복모음(複母音)으로 발음하기 때문입니다.

단모음(單母音)은 모음(母音)이 하나이고, 복모음(複母音)은 모음(母音)이 두 개 혹은 그 이상이 결합된 것을 가리킵니다. 모음(母音)은 각 모음(母音)이 가지는 입술 모양이 있기 때문에 여러 개의 모음(母音)을 발음하다 보면 입술 모양이 변하게 됩니다. 이뿐만 아니라 입을 벌리는 크기도 변하게 됩니다. 예를 들어, '야'를 발음하면 '이아이아-이아-야'처럼 입 모양이 바뀝니다. 하지만, 중국어 운모(韻母)에 사용되는 모음(母音) ü [y]는 단모음(單母音)이기 때문에 입술 모양이나 혀의 위치가 바뀌지 않고 처음부터 마지막까지 그대로 유지되어야 합니다. 그래서 초급중국어 시간에 ü [y]를 발음할 때 입술 모양이 바뀌면 안 된다고 강조하는 이유가 바로 이 때문입니다. 다시 정리하면, ü [y]의 발음 원리는 구강(口腔) 내에서는 i [i]라는 모음(母音)을 발음하면서 입술 모양은 동그랗게 오므리는 원순모음(圓脣母音)으로 발음하는 것입니다. 그래서 모음삼각도(母音三角圖)나 모음사각도(母音四角圖)에서 혀의 높이[高低]와 혀의 전후(前後)에 따른 모음(母音)의 발음 위치를 확인하고 익혀야 합니다.

다음은 입술의 모양에 따른 모음(母音)의 분류입니다. 일반적으로 전순모음(展脣母音)과 원순모음(圓脣母音) 두 가지로 구분합니다. 전순모음(展脣母音)은 평순모음(平脣母音) 혹은 비원순모음(非圓脣母音)이라고도 합니다. 전순(展脣)은 입술을 옆으로 벌린다는 의미이고, 평순(平脣)은 입술을 평평하게 만든다는 의미입니다. 전순(展脣)·평순(平脣)·비원순(非圓脣) 모두 다 원순(圓脣)에 상대되는 입술 모양을 나타내는 표현입니다.

중국어에서 ao를 발음할 때 '아오'가 맞는지 '아우'가 맞는지 질문하는 경우가 있습니다. 결론부터 말씀드리면, 둘 다 맞습니다. 구체적인 예로, "你好嗎?" 중에서 '好 (hǎo)'는 '하오'라고 발음하든 '하우'라고 발음하든 중국인 입장에서는 동일한 발음으로 인식합니다. 왜냐하면 고모음(高母音)인 '우[u]'와 반고모음(半高母音)인 '오[o]'의 차이를 구별하지 않기 때문입니다. 그래서 중국어에서는 이 두 모음(母音)을 굳이 구분하지 않아도 됩니다.

중국어 운모(韻母) ao를 구성하는 두 음소(音素)는 모음(母音) 'a'와 'o'입니다. 모음(母音) 'o'를 '오[o]'로 발음하는지 '우[u]'로 발음하는지의 차이는 고저(高低)의 차이입니다. 앞에서 살펴본 바와 같이, 모음(母音) 'a'를 음성(音聲)과 음운(音韻)의 각도에서 전설모음(前舌母音) '아[a]'와 후설모음(後舌母音) '아[ɑ]'로 구분할 수도 있었습니다. 이때의 '아[a]'와 '아[ɑ]'는 전후(前後)의 차이입니다. 운모(韻母) ao 중의 'o'를 '오[o]'로 발음하든 '우[u]'로 발음하든 모두 후설모음(後舌母音)이기 때문에, 'a' 또한 전설모음(前舌母音)이 아닌 후설모음(後舌母音) '아[ɑ]'로 발음됩니다. 음운론(音韻論)적으로는 '우[u]'로 발음하든 '오[o]'로 발음하든 동일한 음절(音節)로 인식하지만, 음성학(音聲學)적으로는 '우[u]'와 '오[o]'의 중간 정도로 발음된다고 합니다. 다시 말하면, 후설모음(後舌母音) '아[ɑ]'에서 위로 올라가 반고모음(半高母音)인 '오[o]'와 고모음(高母音)인 '우[u]' 중간 정도에서 발음을 끝맺게 된다는 의미입니다. 중국어 운모(韻母) 'ao'는 개인적인 발음 습관에 따라서 [ɑo]로 발음할 수도 있고 [ɑu]로 발음할 수도 있으므로, 음성(音聲)적인 차이는 나타나지만 음운(音韻)적인 차이는 없습니다. 그래서 '아오'라고 발

母音四角圖

- 母音四角圖(母音三角圖): 口腔에서 母音(元音)이 형성되는 위치 표시
- 高·中(半高/半低)·低: 舌位, 즉 혀의 높낮이와 연계. 音의 울림 정도(響度) 결정. 低元音(低母音)일수록 響度 증가
- 主要元音 결정 순위: 響度의 크기
  a > e·o > i·u·y(ü)
- 前·央·後: 혀의 전후 위치에 따른 구분
- 展脣(平脣)·圓脣: 입술 모양[脣形]에 따른 구분

음하든 '아우'라고 발음하든, 둘 다 올바른 발음이라고 할 수 있습니다.

　원음설위도(元音舌位圖)에서 왼쪽은 구강(口腔)의 앞쪽을 나타내고, 오른쪽은 구강(口腔)의 뒤쪽을 나타냅니다. 이것은 구강(口腔) 내부의 상대적인 위치를 대략적으로 나타낸 것이지, 절대적으로 얼마만큼 더 높아야 되고 얼마만큼 더 낮아야 되는지를 규정한 것은 아닙니다. 혀의 위치, 즉 혀의 전후(前後)와 고저(高低)가 동일한 경우, 대각선처럼 보이는 기준선을 중심으로 앞쪽(왼쪽)은 전순(展脣)이고 뒤쪽(오른쪽)은 원순(圓脣)임을 나타냅니다. 중국어에서 '歌' gē (거) 중의 e [ɤ] (어)는 후설(後舌) 전순(展脣) 반고모음(半高母音)입니다. 혀의 위치는 동일하게 하되 입술 모양만 원순(圓脣)으로 만들어주면 o [o] (오)가 됩니다. 다시 입술을 옆으로 벌려주면 e [ɤ] (어)가 될 것입니다.

主要元音(韻腹)

- 主要元音 결정 순위: 響度의 크기
　a > e·o > i·u·y(ü)
漢語拼音方案 聲調 표기 위치: **主要元音**
　-iu (就, 求, 休……) : -iᵒu (-iᵒu)
　-ui (回, 水, 最……) : -uᵉi (-uᵉi)

혀가 아래로 움직이려면 아래턱이 움직입니다. 위턱은 고정되어 있고 아래턱이 위아래로 움직이는 구조입니다. 턱이 움직이는 동시에 혀 또한 위아래로 따라서 움직입니다. 아래턱이 움직여 밑으로 최대한 내려가서 혀가 낮게 깔리면 저모음(低母音)이고, 반대로 아래턱이 위턱 가까이까지 올라가면 고모음(高母音)입니다. 고모음(高母音)일수록 혀가 위로 올라가니까 입을 조금만 벌리게 되고, 반대로 저모음(低母音)일수록 혀가 아래로 내려가니까 입을 최대한 많이 벌리게 되는 것입니다. 입이 크게 벌어지면 공명도(共鳴度), 즉 울림의 정도인 향도(響度)가 커집니다. 입을 벌리는 것을 개구(開口)라고 하고, 입을 벌린 정도를 개구도(開口度)라고 표현합니다. 여러 모음(母音)들을 연속적으로 발음할 때, 입이 크게 벌어져서 울림이 큰 모음(母音)이 대표성을 가지는 모음(母音)이 됩니다. 둘 이상의 모음(母音)이 결합되어 하나의 운모(韻母)를 구성하는 경우에, 모음(母音) 중에서 개구도(開口度)가 가장 큰 모음(母音)이 '주요모음(主要母音)', 즉 '주요원음(主要元音)'이 된다는 의미입니다.

일반적으로 저모음(低母音)인 a [a]가 개구도(開口度) 및 향도(響度)가 가장 큰 모음(母音)이고, 그 다음이 중모음(中母音) e [e]·e [ɤ]·o [o] 등입니다. 고모음(高母音)인 i [i]·u [u]·ü [y]는 개구도(開

口度) 및 향도(響度)가 가장 작은 모음(母音)인데, 이 세 개의 모음 (母音)은 다른 모음(母音)과 섞였을 때 운두(韻頭)로 사용될 수 있으며, 이 중에서 i [i]와 u [u]는 운미(韻尾)로도 사용될 수 있습니다. 다시 말하면, 고모음(高母音)은 입이 가장 조금 벌어져 울림의 정도가 가장 작기 때문에, 다른 모음(母音)과 섞여 있으면 대표성을 가지는 주요모음(主要母音)이 될 수 없습니다. i [i]·u [u]·ü [y]가 a 와 결합하면 a가 주요모음(主要母音)이 되고, e와 결합하면 e가 주요모음(主要母音)이 됩니다. 만약 a·u·i 세 모음(母音)이 결합하면 a 가 주요모음(主要母音)이 되고 u와 i가 운두(韻頭) 혹은 운미(韻尾) 가 될 것이므로, uai 혹은 iao [iau]라는 운모(韻母)가 될 수 있습니다. 만약 중모음(中母音) e와 고모음(高母音) i가 결합하면 e가 주요모음(主要母音)이 되고 i가 운두(韻頭) 혹은 운미(韻尾)가 되어 ie 혹은 ei라는 운모(韻母)가 될 것입니다. 한편, 고모음(高母音)도 저모음(低母音)도 아닌 중모음(中母音) e와 o가 결합할 때 어떤 모음(母音)이 주요모음(主要母音)이 될 것인가 고민되는 경우도 있을 수 있습니다. 하지만 다행스럽게도 이 두 모음(母音)이 동시에 결합하는 운모(韻母)는 없습니다. 그런데 이보다 더 혼란스러운 경우가 있습니다. 바로 한어병음자모(漢語拼音字母)로 표기할 때 나타나는 운모(韻母) 중에서, 동일한 고모음(高母音)인 i [i]와 u [u]만으로 구성된 iu나 ui의 경우인데, 이러한 운모(韻母)에서 i가 주요모음(主要母音)인지 u가 주요모음(主要母音)인지 고민될 수밖에 없습니다. 이 문제는 잠시 후에 구체적으로 살펴보겠습니다.

또 한 가지 언급할 점은, a가 전설모음(前舌母音) [a]든 후설모음(後舌母音)[ɑ]든 한어병음자모(漢語拼音字母)에서는 동일하게 'a'로 표기되는 것과 마찬가지로, a가 저모음(低母音) [a]라는 발음 이외에 반저모음(半低母音) [æ(e)]로 발음되는 경우에도 동일하게 'a'로 표기되는 문제입니다. 다시 말하면 중국어의 a가 '아' 외에 '애(에)'로도 발음되는 경우의 표기 문제입니다. 모음(母音) a가 다른 모음(母音)과 결합할 때 음높이가 어느 정도 끌려 올라가는가에 따라 변화가 있을 수 있습니다. 예를 들면, 주요모음(主要母音) a가 운두(韻頭) i [i]나 ü [y], 그리고 운미(韻尾) n[-n] 사이에 끼어든 경우, 저모음(低母音) a는 전설(前舌) 고모음(高母音) i나 ü의 영향에 더하여 이와 발음 위치가 유사한 설첨중음(舌尖中音) n의 영향을 전후(前後) 양방향에서 받게 됩니다. 이때 저모음(低母音) a는 본래 발음 위치보다 위로 끌려 올라가, 중모음(中母音) 범주에 속하는 반저모음(半低母音) [æ] 혹은 반고모음(半高母音) [e]로 발음됩니다. 이처럼 a가 [æ(e)]로 발음되는 경우는 운모(韻母) ian이나 yuan(üan)에 한정된 것으로, 한어병음자모(漢語拼音字母)에서는 다른 운모(韻母)

의 표기와 혼동이 발생하지는 않으므로 [a]와 [æ(e)]를 동일하게 'a'로 표기합니다(예: ia [ia], ian [iæn] / [ien], yuan(üan) [yæn] / [yen]).

3.1.4. 운모(韻母) 구성의 3요소

운모(韻母)를 구성하는 3요소는 두(頭)·복(腹)·미(尾), 즉 운두(韻頭)·운복(韻腹)·운미(韻尾), 달리 표현하면 개음(介音)·주요모음(主要母音)·수음(收音)입니다. 주요모음(主要母音)의 결정 순위는 향도(響度)의 크기를 기준으로 합니다. 저모음(低母音)인 a가 우선순위를 가지고, 중모음(中母音) e나 o가 그다음 순위이며, 고모음(高母音)에 해당하는 i·u·ü의 순위가 가장 나중입니다. 한어병음자모(漢語拼音字母)에서 성조(聲調)는 주요모음(主要母音)에 표기합니다. 그래서 초급중국어 과정에서 한어병음자모(漢語拼音字母) 표기법을 학습할 때, 성조(聲調) 표기의 위치를 제대로 지키지 않은 경우에는 감점했던 기억이 있습니다. 이렇게 연습해야 학습자 입장에서 성조(聲調) 표기의 정확한 위치와 방법을 익힐 수 있기 때문입니다. 사실 초급중국어 수준에서는 주요모음(主要母音)이라는 언어학적인 개념을 파악하고 학습해야 하는 단계는 아닙니다. 그래도 성조(聲調) 표기 위치에 대한 학습을 통해서, 한어병음자모(漢語拼音字母)의 정확한 표기법과 더불어 중국어 음절(音節)에 대한 기본적인 인식을 향상시킬 수 있을 것입니다.

앞에서 잠깐 미루어 두었던 문제를 다시 살펴보겠습니다. 한어병음자모(漢語拼音字母) 표기 원칙에서 성조(聲調)는 주요모음(主要母音)에 표기해야 하는데, i와 u가 결합하는 경우에는 어떻게 표기해야 하느냐는 질문을 많이 받습니다. 원음설위도(元音舌位圖)에서 보면, i는 구강(口腔)의 가장 바깥쪽(앞쪽)에서 발음되는 전설(前舌) 고모음(高母音)이고, u는 구강(口腔)의 가장 안쪽(뒤쪽)에서 발음되는 후설(後舌) 고모음(高母音)입니다. 하나의 운모(韻母), 하나의 소리마디인 음절(音節), 하나의 글자로 발음한다는 것은 중간에 끊어지지 않고 처음부터 끝까지 이어지는 소리마디로 이루어져야 한다는 의미입니다. 그런데 전설(前舌) 고모음(高母音)인 i와 후설(後舌) 고모음(高母音)인 u 두 개의 모음(母音)만으로는 구강(口腔) 내 발음 위치의 현격한 차이로 인하여 중간에 끊어지지 않고 바로 이어서 하나의 소리마디로 발음할 수 없습니다. 중간에 끊어지는 현상이 발생하면, i라는 모음(母音)과 u라는 모음(母音)은 각각 별도의 음절(音節)이 됩니다. 발음의 원리상 i에서 출발해서 u로 발음을 이어간다면, 또한 역으로 u로 발음을 시작해서 i로 발음을 이어간다면, i와 u 두 모음(母音)이 끊어지지 않고 자연스럽게 이어지도록 둘 사이에 연결고리 역할을 하는 모음(母音)이 끼어들어 발음됩니다. 이때 중간에 끼어들어 발음되는 모음(母音)은 바로 e [e] 혹은 o [o] 혹은 e [ə] 정도의 모음(母音)이 됩니다. e [e]·o [o]·e [ə]는 중모음(中母音)입니다. 그렇다면 어떤 모음(母音)이 주요모음(主要母音)이 될까요? i와 u보다 혀의 위치가 낮아 향도(響度)가 큰 e [e]나 o [o]나 e [ə]가 당연히 주요모음(主要母音)이 됩니다.

만약 어떤 운모(韻母)에 모음(母音)이 i 하나밖에 없다면 i가 주요모음(主要母音)이 될 것입니다. u의 경우도 마찬가지입니다. 地(dì)·新(xīn)·京(jīng)·古(gǔ)·遵(zūn) 등의 각 음절(音節)에서 그리고 각 운모(韻母)에서 모음(母音)이 i 혹은 u 하나만 있으므로, 즉 모음(母音)이 하나밖에 없으므로, 주요모음(主要母音) 결정 순위를 생각할 필요도 없이 i나 u가 주요모음(主要母音)이 됩니다. 그런데 고모음(高母音)인 i나 u나 y(ü)가 다른 모음(母音)과 결합한다면, 바로 그 모음(母音)은 중모음(中母音)이나 저모음(低母音)일 것이므로 i나 u나 y(ü)보다 주요모음(主要母音) 결정 순위에서 앞서게 될 것입니다.

고모음(高母音) i·u·y(ü)는 다른 모음(母音)의 도움이 없다면 고모음(高母音)끼리 바로 연결되어 운모(韻母)나 음절(音節)을 형성하지는 못합니다. 그런데 한어병음자모(漢語拼音字母)에서 一(yī)·因(yīn)·英(yīng)·雨(yǔ)·韻(yùn) 등과 같이 y(ü)가 i나 u와 결합한 듯이 보이는 형식의 표기를 볼 수 있습니다. 하지만 이때의 'yi'나 'yu'는 y(ü)와 i 혹은 y(ü)와 u의 결합이 아닙니다. 성모(聲母)가 없는 음절(音節)인 경우에 표기상의 혼동을 방지하기 위한 한어병음방안(漢語拼音方案)의 표기 규정으로서, yi는 i를 나타내고 yu는 [y], 즉 ü를 나타냅니다. 一(yī)라는 발음은 성모(聲母)가 없고 운모(韻母)가 i인 음절(音節)로, 西(xī)나 弟(dì)와 동일한 운모(韻母)입니다. 因(yīn)은 親(qīn)과, 英(yīng)은 京(jīng)과, 雨(yǔ)는 去(qù)와, 韻(yùn)은 君(jūn)과 각각 동일한 운모(韻母)의 음절(音節)들입니다. 五(wǔ)도 사실은 w와 u의 결합이 아니라 운모(韻母)에 모음(母音) u 하나만 있는 음절(音節)로, 古(gǔ)나 路(lù)와 동일한 운모(韻母)의 음절(音節)입니다.

앞에서 고민했던 문제로 다시 돌아가면, 한어병음자모(漢語拼音字母) 표기에서 나타나는 iu나 ui 형식의 운모(韻母)는 i와 u 둘만으로 구성된 운모(韻母)가 아닙니다. i와 u 두 모음(母音)이 자연스럽게 연결된 발음으로 하나의 운모(韻母)가 될 수 있도록 하기 위해서는, 중간에 e [e]나 o [o] 혹은 e [ə]가 끼어들게 된다고 했습니다. 그래서 iu로 표기된 형식은 사실상 ieu [iəu]나 iou [iou] 정도의 운모(韻母)입니다. 개인적인 발음방법(發音方法)의 차이에 따라서 ieu [iəu]로 발음하기도 하고 iou [iou]로 발음하기도 합니다. 중국어에서는 두 형식의 발음을 구분하지 않으므로, 둘 다 정확한 발음이 됩니다. 그리고 한어병음자모(漢語拼音字母)에서 ui로 표기된 형식은 uei [uei]입니다. ieu [iəu]·iou [iou]나 uei [uei]에서 주요모음(主要母音)은 e [ə] 혹은 o [o]나 e [e]가 됩니다. 천천히 발음해 보면 각 운모(韻母)의 주요모음(主要母音) [ə]·[o]·[e] 등의 발음을 느낄 수 있을 겁니다. 그런데 빠르게 발음하면 주요모음(主要母音)이 짧고 약하게 지나가는 듯이 느껴지다 보니, 주요모음(主要母音)이 빠진 한어병음자모(漢語拼音字母)의 형식처럼 i와 u 두 모음(母音)만으로 구성된 운모(韻母)로 착각하게 되는 것입니다. 초급 과정의 학생들은 '對' duì와 '水' shuǐ에 대해서도 질문을 하곤 합니다. '뚜이'가 맞나요, '뚜에이'가 맞나요? '수이'가 맞나요, '수웨이'가 맞나요? 간단하게 대답하면, '뚜이'와 '뚜에이', '수이'와 '수웨이' 둘 다 맞습니다. 천천히 발음하거나 강조하기 위해서 길게 발음하는 경우라면 주요모음(主要母音)인 e [e]의 발음이 느껴질 것이고, 반대로 빠르고 짧게 발음한다면 e [e]의 발음을 인지하지 못할 수도 있을 것입니다. '就' jiù나 '酒' jiǔ의 경우도 마찬가지입니다. 발음

속도의 차이에 따른 주요모음(主要母音)의 발음 구현 여부를 느껴 보시기 바랍니다.

한어병음자모(漢語拼音字母) 표기상의 운모(韻母) iu와 ui에 대해서 다시 정리하면, 전설(前舌) 고모음(高母音) i [i]와 후설(後舌) 고모음(高母音) u [u]가 결합할 때, i에서 출발하여 u로 도착하는 형식의 운모(韻母) iu에서는, 발음이 완성되는 단계에 있는 운미(韻尾) u에 근접한 중설(中舌) 중모음(中母音) e [ə]나 후설(後舌) 중모음(中母音) o [o]의 매개 역할이 동반됩니다. 반대로 u에서 출발하여 i로 마무리되는 형식의 운모(韻母) ui에서는, 운미(韻尾) i에 근접한 전설(前舌) 중모음(中母音) e [e]가 동반됩니다. 그러므로 한어병음자모(漢語拼音字母) 표기에서는 운모(韻母) iu의 주요모음(主要母音) e [ə]나 o [o]가 숨겨져 있는 셈입니다. 동일한 원리로 ui의 주요모음(主要母音) e [e]도 숨겨져 있습니다. iu에서의 i는 운두(韻頭)이고 u는 운미(韻尾)입니다. ui에서는 u가 운두(韻頭)이고 i가 운미(韻尾)입니다. 하나의 운모(韻母)에서 운두(韻頭)는 발음의 출발에 해당하고 운미(韻尾)는 발음의 완성 단계에 해당합니다. 그래서 iu의 주요모음(主要母音)은 후설(後舌) 고모음(高母音)인 운미(韻尾) u에 근접한 중설(中舌) 중모음(中母音) e [ə]나 후설(後舌) 중모음(中母音) o [o]가 되고, ui의 운미(韻尾) i는 전설(前舌) 고모음(高母音)이므로 이에 근접한 전설(前舌) 중모음(中母音) e [e]가 동반되는 것입니다. 한어병음자모(漢語拼音字母)의 성조(聲調) 부호 위치는 주요모음(主要母音)의 상단에 표시하는 것이 원칙이지만, 운모(韻母) iu와 ui의 경우에는 주요모음(主要母音)이 생략되어 표기되지 않으므로, 운모(韻母) iu에서는 발음의 완성 단계인 운미(韻尾) u에 성조(聲調) 부호를 표시하고, 운모(韻母) ui에서는 운미(韻尾) i에 표시하기로 규정한 것입니다.

V	V	阿 ā	a	제1성
VV	M-V	我 wǒ	w-o	제3성
	V-E	愛 ài	a-i	제4성
VC	V-E	安 ān	a-n	제1성
VVV	M-V-E	要 yào	i-a-o	제4성
VVC	M-V-E	萬 wàn	w-a-n	제4성
CV	I-V	媽 mā	m-a	제1성
CVV	I-M-V	姐 jiě	j-i-e	제3성
	I-V-E	開 kāi	k-a-i	제1성
CVC	I-V-E	很 hěn	h-e-n	제3성
CVVV	I-M-V-E	流 liú	l-i-(o)-u	제2성
CVVC	I-M-V-E	光 guāng	g-u-a-ng	제1성

3.2. 운모(韻母)의 분류

다음으로는 운모(韻母)의 종류에 대해서 알아보겠습니다.

3.2.1. 단운모(單韻母)

> **韻母의 종류 (1) 단운모(單韻母)**
> - 우리말의 單母音과 같은 개념
> - 아무리 길게 발음을 지속하더라도 발음하는 동안 입술 모양이나 혀의 위치가 변하지 않는 元音(母音)으로만 구성된 韻母를 지칭
> - 설면원음(舌面元音): 발음할 때 혓바닥이 주요 작용을 함
>   a, o, e, ê, i, u, ü
>   설첨원음(舌尖元音): 발음할 때 혀끝이 주요 작용을 함
>   i [ɿ], i [ʅ], er [ɚ].. 捲舌韻母

　　단모음(單母音) 하나로 이루어져 있는 운모(韻母)를 단운모(單韻母)라고 합니다. 단모음(單母音), 즉 단원음(單元音)은 발음하는 중에 입술 모양이나 혀의 위치가 바뀌지 않는 모음(母音)입니다. 예를 들어, 우리말의 단모음(單母音)에는 'ㅏ·ㅐ·ㅓ·ㅔ·ㅗ·ㅚ·ㅜ·

ㅟ·ㅡ·ㅣ'[8] 등이 있습니다. 우리말의 'ㅡ'라는 발음에 해당하는 중국어의 설첨원음(舌尖元音)은, 설첨전원음(舌尖前元音)과 설첨후원음(舌尖後元音)으로 구분하기도 합니다. 설첨전원음(舌尖前元音)은 성모(聲母) z·c·s와 결합하고, 설첨후원음(舌尖後元音)은 성모(聲母) zh·ch·sh·r와 결합합니다. z·c·s는 설치음(舌齒音)이라고 지칭하기도 하지만 설첨전음(舌尖前音)이라고도 합니다. zh·ch·sh·r는 일반적으로 권설음(捲舌音)이라고 부르지만 설첨후음(舌尖後音)이라고도 합니다. 그래서 중국어의 설첨원음(舌尖元音)은 성모(聲母) 설첨전음(舌尖前音)과 결합하는 설첨전원음(舌尖前元音), 설첨후음(舌尖後音)과 결합하는 설첨후원음(舌尖後元音)으로 구분됩니다. 한어병음자모(漢語拼音字母) 표기에서는 동일하게 i로 사용되지만, 국제음성기호(國際音聲記號)로는 결합되는 성모(聲母)에 따라서 설첨전원음(舌尖前元音) [ɿ]와 설첨후원음(舌尖後元音) [ʅ]로 구분됩니다. 한어병음자모(漢語拼音字母)에서도 초기에는 설첨원음(舌尖元音)을 전설(前舌) 평순(平脣) 고모음(高母音) i와 구분하기 위해 i 위에 점 두 개를 찍은 ï를 사용하기도 했습니다. 이때의 ï는 설첨전원음

---

8   앞의 '주 7)'에서 살펴본 바와 같이, 'ㅚ'와 'ㅟ'는 발음할 때 입술 모양이 바뀌는 이중모음으로 발음하는 것도 허용됩니다.

(舌尖前元音)과 설첨후원음(舌尖後元音)을 통괄하는 용도로 사용되었습니다.

다음은 권설운모(捲舌韻母)입니다. 국제음성기호(國際音聲記號)에서는 [ɣ]라는 음소(音素)에 r자를 거꾸로 붙여놓은 [ɚ]로 표현합니다. 단모음(單母音)입니다. 이 자체를 운모(韻母)로도 사용하며, 다른 모음(母音) 뒤에 부가하여 얼화운(兒化韻)으로도 사용합니다.

3.2.2. 복운모(複韻母)

> **韻母의 종류 (2) 복운모(複韻母)**
>
> - 前響: ai, ei, ao, ou
> - 後響: ia, ie, ua, uo, üe
> - 中響: iao, iou, uai, uei
> - 響度: 音의 울림 정도. 主要元音 결정 순위
>   低元音일수록 響度 증가

복운모(複韻母)는 두 개 이상의 모음(母音)으로 구성된 운모(韻母)입니다. ia나 ai처럼 모음(母音) 두 개가 결합된 경우도 있고, iao나 uai처럼 모음(母音) 세 개가 결합하는 경우도 있습니다. 그렇기 때문에 복운모(複韻母)는 결합되는 모음(母音)에 따라서 발음할 때 입술 모양이 바뀔 수도 있고, 혀의 위치가 바뀔 수도 있습니다.

복운모(複韻母)를 분류할 때 전향(前響)·후향(後響)·중향(中響)이라는 개념으로 구분하기도 합니다. 앞에서 언급한 향도(響度)는 모음(母音)에 적용되는 것이고, 일반적으로 보음(輔音)에는 해당되지 않습니다(비음(鼻音) 등 제외). 따라서 전향(前響) 복운모(複韻母)는 향도(響度)가 큰 주요모음(主要母音)이 앞쪽에 있다는 의미입니다. 같은 이치로, 후향(後響) 복운모(複韻母)는 주요모음(主要母音)이 뒤쪽에 있다는 의미이고, 중향(中響) 복운모(複韻母)는 주요모음(主要母音)이 중간에 있다는 의미임을 짐작할 수 있습니다. 구성 요소를 살펴보면, 전향(前響) 복운모(複韻母)는 주요모음(主要母音)과 운미(韻尾)로 구성되고(예: ai·ao·ei 등), 후향(後響) 복운모(複韻母)는 운두(韻頭)와 주요모음(主要母音)으로 구성되며(예: ia·ua·ie 등), 중향(中響) 복운모(複韻母)는 운두(韻頭)·운복(韻腹)·운미(韻尾)로 구성됩니다(예: iao, uai). 중향(中響) 복운모(複韻母)에서의 운미(韻尾)는 보음운미(輔音韻尾)가 아닌 원음운미(元音韻尾)입니다. 만약 운미(韻尾)가 보음(輔音)이라면 중향(中響) 복운모(複韻母)라는 명칭이 적용되지 않습니다. 운미(韻尾)가 보음(輔音)인 운모(韻母)는 별도로 부성운모(附聲韻母), 또는 비음운모(鼻音韻母)라는 명칭을 사용합니다.

3.2.3. 부성운모(附聲韻母)

韻母의 종류 (3) 부성운모(附聲韻母) / 비음운모(鼻音韻母)

- 韻尾가 鼻音으로 구성된 韻母
- 설첨비음운모(舌尖鼻音韻母): [-n]. 발음할 때 혀끝[舌尖]이 주요 작용을
  함. 前鼻音韻母
    an, en, in, ün, ian, uan, üan, un(uen)
  설근비음운모(舌根鼻音韻母): -ng[-ŋ]. 발음할 때 혀뿌리[舌根]가 주요 작
  용을 함. 後鼻音韻母
    ang, eng, ing, ong(ueng), iong, iang, uang

부성운모(附聲韻母)는 원음(元音)에 보음(輔音) 요소가 결합된 운
모(韻母)로서, 현대표준중국어[普通話]에서는 보음(輔音) 중에 비
음(鼻音) n [n]이나 ng [ŋ]가 결합된 운모(韻母)를 지칭하므로, 비
음운모(鼻音韻母)라고도 합니다. 현대표준중국어[普通話]에서 비
음운모(鼻音韻母)를 구성할 수 있는 보음(輔音)은 -n과 -ng 두 개
밖에 없습니다. 하지만 현대중국어[現代漢語]의 일부 방언(方言)
과 고대중국어[古代漢語]에서는 -n과 -ng 이외에 -m이 운미(韻尾)
로 사용되기도 했습니다. -m은 우리말의 미음 받침(-ㅁ)에 해당하
는 요소입니다. 그래서 현대표준중국어[普通話]에서 qīn이라는 동

일한 발음의 예로 들어 설명했습니다. 하나는 '親'(친)이고, 또 하나는 '侵'(침)으로, 원래 고대중국어[古代漢語]에서는 확연히 다른 발음이었는데 현대표준중국어[普通話]에서는 같은 발음으로 변한 것입니다. 지금도 현대중국어[現代漢語] 남방방언(南方方言) 지역에서는 -m 운미(韻尾)에 해당하는 요소가 보편적으로 존재합니다. 고대중국어[古代漢語]의 -m 운미(韻尾)로 구성되었던 운모(韻母)가 현대표준중국어[普通話]에서는 -n 운미(韻尾)의 운모(韻母)에 합쳐진 예로, 운모(韻母)의 통시적(通時的) 변화 중에서 대표적인 현상입니다.

비음(鼻音) -m·-n·-ng 세 요소로 구분되는 비음운모(鼻音韻母)의 분포 상황은, 통시적(通時的)으로는 근대중국어[近代漢語] 이전인 중고중국어[中古漢語] 혹은 상고중국어[上古漢語]에서는 말할 것도 없고, 공시적(共時的)으로 현대중국어[現代漢語]에서도 남방방언(南方方言)에서는 이러한 발음 요소가 보편적으로 존재합니다. 게다가 비음(鼻音) 외에도 색음(塞音)에 해당하는 요소가 운미(韻尾)로 사용되기도 합니다. 성모(聲母) 부분에서 살펴보았던 보음(輔音) 'p·t·k'는 틀어막고 있다가 펑 터뜨리는 소리입니다. 성모(聲母)로 사용될 때, 중국어에서는 틀어막는 소리라는 의미인 '색음(塞音)'이라는 용어를 선호하고 국어에서는 터뜨리는 소리라는 의미인 '파열음(破裂音)'이라는 용어를 선호합니다. 운미(韻尾)로 사용될 때 국어에서는 밖으로가 아닌 안으로 터뜨리는 소리라는 의미인 '내파음(內破音)'으로 인식하는 반면, 중국어에서는 '색음(塞音)'으로 인식합니다. 그래서 'p·t·k'가 운미(韻尾)로 사용될 때는 '-p·-t·-k'로 나타내며, 색음운미(塞音韻尾)라고 지칭합니다. 발음할 때 입김을 세게 불면 p가 되고, 약하게 내면 b가 되지 않습니까? k와 g, 그리고 t와 d도 마찬가지입니다. 모두 송기(送氣)와 불송기(不送氣)의 차이입니다. 이러한 송기(送氣)·불송기(不送氣)의 차이는, 성모(聲母)로 사용될 경우에는 발음상의 차이가 명확하게 나타나지만, 운미(韻尾)로 사용될 경우에는 구별할 수 없습니다. p-b, k-g, t-d 다음에 다른 발음 요소가 따라 나오면 송기(送氣)와 불송기(不送氣)의 차이가 드러나는데, 음절(音節)의 마지막 부분에 위치하는 운미(韻尾)로 사용되면, 송기(送氣) 요소이든 불송기(不送氣) 요소이든 틀어막는 역할로만 사용되어 발음이 닫혀버리게 되므로 발음상의 차이가 나타나지 않습니다.

색음운미(塞音韻尾)로 구성된 음절(音節)을 성조(聲調)의 분류에서는 입성(入聲)이라고 합니다. 구강(口腔) 내에서 형성된 발음이 밖으로 퍼져 나오지 못하고 안으로 들어가는 것처럼 느껴지기 때문에 '入'자를 사용한 듯합니다. 중국어 용어와 마찬가지로 영어에서도 입성(入聲)을 Entering Tone으로 지칭합니다. 중고중국어 [中古漢語] 시기의 운서(韻書)에서는 이런 색음운미(塞音韻尾) 글자들을 따로 묶어서 '入聲'이라고 별도로 분류해 놓고 있습니다. 운서(韻書)는 동일한 리듬감을 느낄 수 있는 운자(韻字)들을 분류해 놓는 것이 주요 목적인데, 입성(入聲)은 다른 성조(聲調)의 글자들과 리듬감의 차이가 크기 때문입니다.

3.2.4. 사호(四呼)

四呼: 韻頭와 韻腹에 따른 韻母의 분류

開口呼: 韻頭가 없으며, 韻腹(主要元音)이 [i]·[u]·[y]가 아닌 韻母
　　ex) [a], [i(ɿ)], [i(ʅ)], [ou], [ər], [an], [aŋ] ...
齊齒呼: 韻頭 혹은 韻腹이 [i]인 韻母
　　ex) [i], [ia], [ie], [iou (iu)], [in], [iaŋ] ...
合口呼: 韻頭 혹은 韻腹이 [u]인 韻母
　　ex) [u], [ua], [uai], [uei (ui)], [uan], [uaŋ] ...
撮口呼: 韻頭 혹은 韻腹이 [y]인 韻母
　　ex) [y], [yɛ], [yɛn], [yn], [yŋ] ...

운모(韻母)의 종류는 분류하는 기준에 따라 각기 다른 항목이나 명칭으로 구분할 수 있습니다. 입술의 모양을 기준으로 사호(四呼)

에 따른 분류로는 개(開)·제(齊)·합(合)·촬(撮)이라는 개구호(開口呼)·제치호(齊齒呼)·합구호(合口呼)·촬구호(撮口呼) 네 가지 명칭으로 분류할 수 있습니다. 사호(四呼)는 현대표준중국어[普通話]뿐만 아니라 고대중국어[古代漢語]에서도 운모(韻母)를 구분하는 기준이기도 했습니다. 개구(開口)는 입[口]을 크게 벌리는[開] 것입니다. 제치(齊齒)는 앞니[齒]를 가지런히 하는[齊] 것입니다. i라는 발음이 대표적인 특징입니다. 합구(合口)는 아랫입술과 윗입술을 동그랗게 오므린 것처럼 입[口]을 합친다는[合] 의미입니다. 촬구(撮口)도 입[口]을 동그랗게 오므리며[撮] 내는 소리입니다. 바로 ü[y]입니다. 간단히 다시 설명하면, i로 시작되는 운모(韻母)는 제치호(齊齒呼), u로 시작되는 운모(韻母)는 합구호(合口呼), ü로 시작되는 운모(韻母)는 촬구호(撮口呼)이고, i·u·ü로 시작하지 않는 운모(韻母)는 개구호(開口呼)입니다. 사호(四呼)의 개념은 운모(韻母)의 구조를 파악하는 데 매우 중요한 내용입니다. 세부 항목별로 살펴보겠습니다.

　개구호(開口呼)는 사호(四呼) 중에서 제(齊)·합(合)·촬구호(撮口呼)를 제외한 나머지 운모(韻母)라고 이해하면 되겠습니다. 제치호(齊齒呼)는 모음(母音) i가 운두(韻頭) 혹은 운복(韻腹)으로 사용되는 운모(韻母)입니다. 즉 모음(母音) i로 시작되는 운모(韻母)를 가리킵

基本韻母	開口呼	齊齒呼	合口呼	撮口呼
	i(ㅣ)[ㄣ][ㄹ]	i	u	y(ü)
單韻母	a o e[ɤ][ə] ê[e/ɛ]	ya(-ia) yo(-io) ye(-ie)	wa(-ua) wo(-uo)	 yue(-ue, -üe)
複韻母	ai ei ao ou	yai (iai) yao(-iao) you(-iu)	wai(-uai) wei(-ui)	
附聲韻母 (鼻音韻母)	an en ang eng	yan(-ian) yin(-in) yang(-iang) ying(-ing)	wan(-uan) wen(-un) wang(-uang) weng(-ong) [ung]	yuan(-üan, -uan) yun(-ün, -un) yong(-iong) [üng]
捲舌韻母	er	結合韻母		

니다. 한어병음자모(漢語拼音字母) 표기로 -ia‥-ie‥-in‥-ian‥-iang‥-iao‥-iu 등이 제치호(齊齒呼)의 예입니다. 같은 원리로, 합구호(合口呼)는 모음(母音) u가 운두(韻頭) 혹은 운복(韻腹), 즉 모음(母音) u로 시작되는 운모(韻母)입니다. kun이나 guang이라는 음절(音節)의 운모(韻母)가 합구호(合口呼)에 해당합니다. 촬구호(撮口呼)는 모음(母音) ü가 운두(韻頭) 혹은 운복(韻腹), 즉 모음(母音) ü로 시작되는 운모(韻母)입니다. yu나 quan의 운모(韻母)가 촬구호(撮口呼)의 예입니다. 사호(四呼)의 분류 기준은 운모(韻母)를 발음하기 시작할 때의 입술 모양입니다. 운두(韻頭)와 운복(韻腹)에 따른 운모(韻母)의 분류라고 설명하지만, 사실은 발음을 시작할 때의 입술 모양에 따

른 분류입니다. 제치호(齊齒呼)는 앞니가 가지런히 배치되는 느낌을 줄 것입니다. 왜냐하면 i라는 모음(母音)을 발음하면 앞니가 가지런하게 맞물리기 때문입니다. 합구호(合口呼)는 입술이 동그랗게 합쳐지는 느낌을, 촬구호(撮口呼)는 구강(口腔) 외부에서는 입술 모양을 동그랗게 오므리고 구강(口腔) 내부에서는 i라는 모음(母音)을 발음하는 원리입니다. 이러한 명칭들의 유래는 명(明)나라 이전의 자료에서부터 찾아볼 수 있지만, 현재와 같은 명확한 개념으로 분류된 것은 청(淸)나라 이후입니다. 사호(四呼) 중에서 촬구호(撮口呼)의 요건이 되는 모음(母音) ü를 예로 들면, 학자들마다 견해의 차이는 있지만, 명(明)나라 말기까지도 ü라는 모음(母音)이 형성되지 않았던 것으로 간주하는 견해가 일반적입니다. 청(淸)나라 때인 17세기 이후에야 모음(母音) ü가 형성된 것으로 추정합니다. 그래서 개(開)·제(齊)·합(合)·촬(撮) 사호(四呼)가 정립된 시기를 17세기 이후로 판단하게 됩니다.

사호(四呼)의 분류와 관련하여 다시 한 번 강조할 사항이 있습니다. 한어병음자모(漢語拼音字母)에서 동일하게 알파벳 i자로 표기하는데, 실제로 발음해 보면 확연히 다른 두 개의 모음(母音)이 있습니다. bi·li·dian·niang·piao 등에서처럼 모음(母音) i로 시작되는 운모(韻母)는 제치호(齊齒呼)입니다. 즉, i가 주요모음(主要母

音)으로 사용된 경우(예: bi·li)와 i가 운두(韻頭)로 사용된 경우(예: dian·niang·piao)로 구분할 수 있습니다. 그런데 한어병음자모(漢語拼音字母)에서는 똑같은 알파벳 i자를 쓰지만, 제치호(齊齒呼)로 분류되지 않고 개구호(開口呼)로 분류되는 운모(韻母)가 있습니다. 바로 설첨전원음(舌尖前元音) -i [ɿ]와 설첨후원음(舌尖後元音) -i [ʅ]입니다. 이 두 모음(母音)은 설첨전음(舌尖前音) z·c·s와 결합하는 [ɿ], 설첨후음(舌尖後音) zh·ch·sh·r와 결합하는 [ʅ]입니다. 한어병음자모(漢語拼音字母)로는 zi·ci·si와 zhi·chi·shi·ri로 표기됩니다. 설첨전원음(舌尖前元音)과 설첨후원음(舌尖後元音)은 한어병음자모(漢語拼音字母)에서 동일하게 i로 표기되지만, 실제 발음에서는 제치호(齊齒呼)의 i와 확연한 차이를 느낄 수 있을 겁니다. 초기의 한어병음자모(漢語拼音字母)에서는 이 두 운모(韻母)의 모음(母音)을 i자 위에 점 두 개를 찍어서 ï로 표기하기도 했습니다. 우리말의 'ㅡ'와 비슷한 발음입니다. 반면 제치호(齊齒呼)의 i는 우리말의 'ㅣ'와 같은 발음입니다. 우리말의 'ㅡ'와 같은 계열로 발음되는 설첨전원음(舌尖前元音) -i [ɿ]와 설첨후원음(舌尖後元音) -i [ʅ], 즉 zi·ci·si와 zhi·chi·shi·ri의 운모(韻母)는 개구호(開口呼)로 분류된다는 점, 기억해야 할 사항입니다.

사호(四呼)로 분류하는 방식에서 또 한 가지 주의할 점은, ong

이라는 운모(韻母)와 iong이라는 운모(韻母)의 귀속 문제입니다. ong을 개구호(開口呼)로 분류할 것인가, 합구(合口)로 판단할 것인가? iong이 제치호(齊齒呼)인가, 아니면 촬구호(撮口呼)인가? 등(等)에 대해서 학자들 간에는 지금까지도 이견이 많습니다. ong이라는 운모(韻母)는 한어병음자모(漢語拼音字母)에서 o로 시작하는 운모(韻母)이기에 표면적으로는 개구호(開口呼)로 판단할 수 있겠지만, 이 운모(韻母)는 실제 발음에 근거하여 귀속 문제를 재고해야 합니다. o는 후설(後舌) 원순(圓脣) 반고모음(半高母音)이고 u는 후설(後舌) 원순(圓脣) 고모음(高母音)입니다. 두 모음(母音)의 차이는 혀의 고저(高低) 차이에서 '반고(半高)'와 '고(高)'의 미세한 차이밖에 없습니다. 우리말에서는 'ㅗ'와 'ㅜ'로 명확하게 구별되는 음소(音素)이지만, 중국어 발음에서는 두 모음(母音)이 명확한 역할 차이로 나타나지 않습니다. 실제 발음에서 'ong'이라는 발음과 'ung'이라는 발음을 구분할 수도 없고, 구분할 필요도 없습니다. 유사한 예로 '好'자를 'hao'로 발음하든 'hau'로 발음하든 발음의 차이와 의미의 차이가 발생하지 않습니다. 그런데 한어병음자모(漢語拼音字母)에서는 왜 'ung'이 아닌 'ong'으로 표기하게 되었을까요? 여러 가지 이야기가 있지만, 한어병음자모(漢語拼音字母) 제정 당시에 알파벳 중의 u자와 n자를 혼동하는 우려를 줄이기 위해 u자의 사용을 최대한 자제했다는 견해가 설득력이 큽니다. 어떤 과정이 있었든, 현재 적용되고 있는 한어병음방안(漢語拼音方案)에서는 'ung'이 아닌 'ong'으로 표기하고 있습니다. 그래서 이 운모(韻母)의 귀속 문제가 발생하게 된 것입니다.

〈도표 6〉 한어병음방안과 주음부호 대조표

	i ㅣ 衣	u ㄨ 乌	ü ㄩ 迂
a ㄚ 啊	ia ㄧㄚ 呀	ua ㄨㄚ 蛙	
o ㄛ 喔		uo ㄨㄛ 窝	
e ㄜ 鹅	ie ㄧㄝ 耶		üe ㄩㄝ 约
ai ㄞ 哀		uai ㄨㄞ 歪	
ei ㄟ 欸		uei ㄨㄟ 威	
ao ㄠ 熬	iao ㄧㄠ 腰		
ou ㄡ 欧	iou ㄧㄡ 忧		
an ㄢ 安	ian ㄧㄢ 烟	uan ㄨㄢ 弯	üan ㄩㄢ 冤
en ㄣ 恩	in ㄧㄣ 因	uen ㄨㄣ 温	ün ㄩㄣ 晕
ang ㄤ 昂	iang ㄧㄤ 央	uang ㄨㄤ 汪	
eng ㄥ 亨的韵母	ing ㄧㄥ 英	ueng ㄨㄥ 翁	
ong (ㄨㄥ) 轰的韵母	iong ㄩㄥ 雍		

한어병음방안(漢語拼音方案)에는 개구호(開口呼)·제치호(齊齒呼)·합구호(合口呼)·촬구호(撮口呼)라는 표시가 없습니다. 하지만

배열 방식을 살펴보면, 비록 명확한 용어로 구분하지는 않았지만, 사호(四呼)의 분류에 입각하여 운모(韻母)를 네 부류로 나누어 배열하고 있다는 사실을 알 수 있습니다. 다시 말하면, 첫 번째 칸에는 i·u·ü가 아닌 다른 모음(母音)으로 시작되는 운모(韻母), 두 번째는 i로 시작되는 운모(韻母), 세 번째는 u로 시작되는 운모(韻母), 네 번째의 ü로 시작되는 운모(韻母) 순으로 배열되어 있습니다. 순서대로 각각 개구호(開口呼)·제치호(齊齒呼)·합구호(合口呼)·촬구호(撮口呼)입니다. ong은 개구호(開口呼)에, iong은 i자로 시작되기 때문에 제치호(齊齒呼)에 배열되어 있습니다.

　그런데 한어병음자모(漢語拼音字母) 표기 형식에만 근거해서 개구호(開口呼)·제치호(齊齒呼)·합구호(合口呼)·촬구호(撮口呼)로 분류하는 것은 적절한 조치로 인정하기 어렵습니다. 실질적인 발음이 그렇지 않은데도 단순히 알파벳 표기에만 근거해서 운모(韻母)의 귀속 문제를 판단하는 것은, 한어병음방안(漢語拼音方案)의 파급 효과를 감안할 때 관련 분야의 연구 수행 및 실제 발음 교학에도 영향을 미칠 수 있기 때문입니다. 주음부호(注音符號)는 한어병음자모(漢語拼音字母)가 정립되기 이전부터 사용되던 발음 표기법입니다. 주음부호(注音符號)의 표기 형식을 참고해서 한어병음자모(漢語拼音字母)로 표기된 운모(韻母)의 귀속 문제를 재고할 수도 있습니다. 한어병음자모(漢語拼音字母)에서 ong으로 표기되는 운모(韻母)는, 성모(聲母)가 없는 영성모(零聲母)일 경우에 합구호(合口呼)의 위치에 배열되어 있습니다. 이 운모(韻母)가 영성모(零聲母) 음절(音節)에 사용되는 경우에는 ong이라는 표기가 아닌 ueng으로 표기되어 있기 때문입니다. 한어병음방안(漢語拼音方案)에서는 각 운모(韻母)의 한어병음자모(漢語拼音字母) 표기에 주음부호(注音符號)를 병기해 놓았습니다. ueng으로 표기된 운모(韻母)에 병기된 주음부호(注音符號)는 'ㄨㄥ'입니다. 그런데 영성모(零聲母)가 아닌 다른 성모(聲母)와 결합하는 경우에는 한어병음자모(漢語拼音字母)에서 ong으로 표기하면서 개구호(開口呼) 위치에 배열하였습니다. 하지만 병기된 주음부호(注音符號)는 합구호(合口呼) 위치의 ueng일 경우와 마찬가지로 'ㄨㄥ'입니다. 즉, 주음부호(注音符號)로는 한어병음자모(漢語拼音字母)의 ong과 ueng이 동일한 운모(韻母)임을 밝혀 놓고 있는 것입니다. 이 동일한 운모(韻母)를, 알파벳 표기의 차이로 인해서 각각 개구호(開口呼) 위치와 합구호(合口呼) 위치에 나누어 배열하고 있는 것입니다. 그리고 같은 맥락에서 한어병음자모(漢語拼音字母) 표기의 iong은 'i-계열'로 분류되기 때문에 한어병음방안(漢語拼音方案)에서는 제치호(齊齒呼) 위치에 배열되어 있습니다. 하지만 병기된 주음부호(注音符號)는

‘ㄩㄥ’으로서, 촬구호(撮口呼) 위치에 배열된 ü(ㄩ)·üe(ㄩㄝ)·üan(ㄩㄢ)·ün(ㄩㄣ) 등과 마찬가지로 ‘ㄩ-계열’, 즉 ‘ü-계열’임을 나타내고 있습니다. 한어병음자모(漢語拼音字母)에서 iong으로 표기된 해당 운모(韻母)는 당연히 ‘ü-계열’의 운모(韻母)들과 동일하게 촬구호(撮口呼)의 위치에 배열되어야 할 것입니다.

위에서 ‘한어병음방안(漢語拼音方案)의 파급 효과’를 언급했습니다. 현대표준중국어[普通話] 발음의 교학 과정에서, 시각적으로 표현되는 한어병음방안(漢語拼音方案)의 배열 방식과 한어병음자모(漢語拼音字母) 표기 형식의 영향을 간과할 수는 없는 듯합니다. 예를 들어, 중국어 발음 학습 과정에서 ‘兄弟’ xiōngdì의 xiōng이라는 발음을 평순모음(平脣母音) i와 원순모음(圓脣母音) o로 연이어 발음하는 입술 모양의 변화 과정이 명확하게 관찰됩니다. 즉, iong으로 표기된 운모(韻母)를 ü-ng으로 발음하지 않고, 한어병음자모(漢語拼音字母) 표기에 따라 i-o-ng으로 발음하는 결과로 추정됩니다. 즉, 한어병음방안(漢語拼音方案)의 배열 방식과 한어병음자모(漢語拼音字母)의 표기 방식에 따라, iong을 촬구호(撮口呼)가 아닌 제치호(齊齒呼)로 발음하는 것으로 판단됩니다. 이러한 교학적인 측면 이외에도, 관련 분야의 연구 논저에서 운모(韻母) ong과 iong의 귀속 문제가 일치된 견해로 도출되지 못하고 있는 실정입니다.

한어병음방안(漢語拼音方案)의 '부정적인' 파급 효과를 우려하지
않을 수 없습니다.

〈도표 7〉 사호와 성모 대응표

韻母 聲母	開口		齊齒		合口		撮口	
	i[i]	기타	i[i]	i-[i-]	u[u]	u-[u-]	ü[y]	ü-[y-]
b, p, m	-	爸	比	便	木	-	-	-
f	-	發	-	-	復	-	-	-
d, t	-	單	低	天	度	多	-	-
n, l	-	蘭	你	連	努	暖	女	略
g, k, h	-	哥	-	-	古	關	-	-
j, q, x	-	-	記	先	-	-	去	全
zh, ch, sh, r	吃	差	-	-	初	專	-	-
z, c, s	自	三	-	-	組	算	-	-
零聲母	-	阿	一	研	五	萬	雨	原

3.3. 운모(韻母)의 변천

운모(韻母)의 통시적(通時的)인 변화 현상에 대해 살펴보도록 하

겠습니다. 중국인들의 전통적인 철학 개념 중에서 대표적인 분류법으로 꼽을 수 있는 것이 '음양(陰陽)' 사상입니다. 음양(陰陽) 사상은 중국인뿐만 아니라 한자(漢字) 문화와 동양사상을 공유하는 동아시아 문화권에서는 대표적인 철학 사상이기도 합니다. 음양(陰陽)은 이분법입니다. 땅은 음(陰)이고 하늘은 양(陽)이며, 여성과 남성도 음(陰)과 양(陽)으로 구분됩니다. 우리 태극기에도 음양(陰陽) 사상이 바탕을 이루고 있습니다. 원래는 철학적 개념인 '음양(陰陽)'을, 고대 중국인들은 한자(漢字)의 발음 현상에 대응시켜서 '음(陰)'과 '양(陽)', 그리고 이 음양(陰陽)과는 차이가 나타나는 '입(入)', 즉 음성운(陰聲韻)·양성운(陽聲韻)·입성운(入聲韻) 삼분법으로 운모(韻母)를 분류하기도 합니다. 운모(韻母)의 음(陰)·양(陽)·입(入) 분류법은 기본적으로 고대중국어[古代漢語]에 적용되는 분류법입니다. 현대중국어[現代漢語]에서도 현대표준중국어[普通話]를 제외한 기타 방언(方言) 지역의 발음은 음(陰)·양(陽)·입(入)으로 운모(韻母)를 나눌 수도 있습니다.

3.3.1. 음성운(陰聲韻)

음(陰)은 '마이너스', '없다'는 의미를 연상하면, 이 기준에 부합하는 운모(韻母)를 쉽게 이해할 수 있겠습니다. 운모(韻母)에서 '없다'는 의미를 어떻게 연결하면 될까요? 음성운(陰聲韻)은 비음(鼻音) 혹은 색음운미(塞音韻尾), 즉 보음운미(輔音韻尾)가 없다는 의미로 연상하면 되겠습니다. 음성운(陰聲韻)은 보음(輔音)이 운미(韻尾)로 사용되지 않고, 원음(元音)으로만 구성된 운모(韻母)를 가리킵니다. 운모(韻母)에서 보음(輔音)이 들어갈 수 있는 위치는 운미(韻尾)밖에 없습니다. 운미(韻尾) 자리에 보음(輔音)이 들어가지 않으면, 운미(韻尾)가 없는 경우이거나 원음(元音)이 운미(韻尾)로 사용된 경우입니다. 예를 들어, ai·ei에서는 i가 운미(韻尾)입니다. 실제 음절(音節)을 예로 들어 살펴보면, 衣(yī)·家(jiā)·在(zài)·火(huǒ)·解(jiě)·書(shū) 등이 있습니다. 이와 같이, 주요모음(主要母音)으로 끝나 운미(韻尾)가 없든지, 운미(韻尾)가 원음(元音)이든지, 달리 말하면 원음(元音)으로 끝나는 운모(韻母)를 음성운(陰聲韻)이라고 합니다. 반대로 생각하면 보음(輔音)이 들어가 있지 않은 운모(韻母)를 음성운(陰聲韻)이라고 이해해도 무방합니다.

3.3.2. 양성운(陽聲韻)

> **韻尾의 차이에 따른 韻母 분류법 (2) 陽聲韻**
>
> - 鼻輔音이 韻尾로 사용된 音節
>   ① 韻尾가 [m]인 경우: 侵·嚴·感·店……
>   ② 韻尾가 [n]인 경우: 親·言·趕·殿……
>   ③ 韻尾가 [ng]인 경우: 兄·堂·種·敬……
> - [m] 韻尾: 現代의 일부 方言과 古漢語에 존재
>   　　　　 現代標準中國語에서는 [n] 韻尾로 변화

　양성운(陽聲韻)은 비음운미(鼻音韻尾)를 가지는 운모(韻母)를 가리킵니다. 보음(輔音) 중의 비음(鼻音), 즉 비보음(鼻輔音)은 m·n·ng 세 개가 있습니다. 현대표준중국어[普通話]에서는 비음운미(鼻音韻尾)가 -n·-ng 두 개만 사용되고 있습니다. 현대중국어[現代漢語]의 일부 방언(方言)이나 고대중국어[古代漢語]에서는 -m·-n·-ng 세 개의 운미(韻尾)가 존재합니다. 우리 한자음(漢字音)에서도 종성(終聲)에 -m·-n·-ng 세 종류가 그대로 나타납니다. 그래서 현대표

준중국어[普通話]의 발음 변화 현상을 고대중국어[古代漢語] 혹은 현대중국어[現代漢語]의 기타 방언(方言), 그리고 우리 한자음(漢字音)과 비교해서 분석할 수도 있습니다. 예를 들어, 侵과 親, 嚴과 言, 感과 趕, 店과 殿은 현대표준중국어[普通話] 발음으로는 각각 동음자(同音字)이지만, 고대중국어[古代漢語]와 우리 한자음(漢字音)에서 侵·嚴·感·店은 운미(韻尾)나 종성(終聲)이 -m(-ㅁ)이고, 親·言·趕·殿은 n(-ㄴ)으로 차이가 있다는 사실을 확인할 수 있습니다. 이런 식으로 고대중국어[古代漢語]에서는 -m 운미(韻尾)와 -n 운미(韻尾)가 엄밀하게 구분되었다는 사실과, 현대표준중국어[普通話]에서는 이 계열들이 모두 동음자(同音字)가 되어 -n 운미(韻尾)로 합쳐졌다는 사실, 즉 운모(韻母)의 통시적(通時的) 변화 양상을 확인할 수 있습니다. -ng 운미(韻尾)는 예전과 동일하게 지금도 그대로 유지되고 있습니다. 그래서 현대표준중국어[普通話]에서 양성운(陽聲韻)은 ban·mian·zun·xin·guang·pang·tong·qing 등과 같이 -n·-ng가 운미(韻尾)인 운모(韻母)를 가리킵니다.

3.3.3. 입성운(入聲韻)

> **韻尾의 차이에 따른 韻母 분류법 (3) 入聲韻**
>
> - 塞音이 韻尾로 사용된 音節
> - 現代의 일부 方言과 古漢語에 존재
> - 現代標準中國語에서는 陰聲韻으로 변화
> ① 韻尾가 [p]인 경우: [예] 濕·合·甲·葉……
> ② 韻尾가 [t]인 경우: [예] 出·沒·雪·必……
> ③ 韻尾가 [k]인 경우: [예] 黑·國·百·木……

입성운(入聲韻)은 색음운미(塞音韻尾)인 -p·-t·-k를 가지는 운모(韻母)를 가리킵니다. 여기서 '색(塞)'이라는 의미는, 보음(輔音) p·t·k가 운미(韻尾)로 사용될 때 '막히는' 느낌을 나타내는 소리임을 가리킵니다. 보음(輔音) p를 예로 들어 살펴보면, 우리말의 자음(子音)에서 'ㅂ'과 'ㅍ'이 이에 해당합니다. 쌍순음(雙脣音)입니다. 'ㅂ'과 'ㅍ'이 초성(初聲)으로 사용될 때는 그 글자대로 무기음(無氣音)과 유기음(有氣音)의 차이로 발음되는 것과 달리, 종성(終聲)으로 사용될 때는 비읍 받침(-ㅂ)과 피읖 받침(-ㅍ)이 서로 구별이 없어집니다. 다음으로, 중국어 운미(韻尾) -t의 발음은 우리말에서 받침으로 사용되는 디귿(-ㄷ)·티읕(-ㅌ)·시옷(-ㅅ)·지읒(-ㅈ)·치읒(-ㅊ)·쌍시옷(-ㅆ)·쌍지읒(-ㅉ) 등이 해당됩니다. 이런 글자들은 받침으로 디귿이 사용되었든, 티읕이 사용되었든, 지읒이 사용되었든 종성(終聲)으로 발음했을 때는 발음상의 구별이 없습니다. 종성(終聲)으로 한 글자만 발음했을 때는 그것이 시옷 받침인지 지읒 받침인지 치읓 받침인지 디귿 받침인지 티읕 받침인지 전혀 알 수 없습니다. 하지만 중국어에서 운미(韻尾) -t로 구성된 글자는 우리 한자음(漢字音)에서 종성(終聲)이 'ㄹ'로 바뀌었습니다. 우리 한자음(漢字音)의 대표적인 특징이기도 합니다. 우리말의 순수 국어에서는 디귿(-ㄷ)·티읕(-ㅌ)·시옷(-ㅅ)·지읒(-ㅈ)·치읓(-ㅊ)·쌍시옷(-ㅆ)·쌍지읒(-ㅉ) 등을 종성(終聲)으로 사용하는 글자도 있지만, 우리 한자음(漢字音)에서는 이런 종성(終聲)을 사용하는 글자가 없습니다. 순수 국어의 발음이라 하더라도, 한 글자만 발음할 때는 그 글자의 종성(終聲)이 무엇인지 알 수 없는 경우들이 많습니다. 그저 전후(前後) 문맥이나 학습 경험에 의해서 '곧·곳·곶, 꽃·꽃'의 차이를 알 수 있을 뿐입니다. 그리고 중요한 점은, 이 글자들의 뒤에 초성(初聲)이 없는, 중국어의 영성모(零聲母)에 해당하는 발음의 글자가 연이어 나온다면, 앞글자의 받침이 뒷글자에 연음되어 나타나는 발음의 차이로, 앞글자의 받침이 디귿인지, 시옷인지, 지읒인지, 아니면 치읓인지 알 수 있습니다. 달리 말하면, 이러한 글자들은 단독으로 한 글자만 발음했을 때는 받침으로 쓰인 자음(子音)이 무엇인지 알 수 없는, 즉 차이가 나타나지 않는 동일 계열의 자음(子音)이라는 사실입니다. 이 계열의 종성(終聲)이 중국어의 운미(韻尾)에서는 -t에 해당합니다.

우리 한자음(漢字音)으로 읽어 보면, 비읍 받침(-ㅂ, -p)인 濕(습)·合(합)·甲(갑)·葉(엽)이 두 입술로 숨결을 막는 것처럼, 黑(흑)·國(국)·百(백)·木(목) 등 기역 받침(-ㄱ, -k)은 설근(舌根) 쪽에서 막힙니다. 出(출)·沒(몰)·雪(설)·必(필) 등은 입성(入聲)의 발음 요소 -t가 우리 한자음(漢字音)에서는 'ㄹ'로 바뀌었기 때문에 막히는 소리로 들리지 않습니다. 그래서 현대 중국 남방방언(南方方言)으로 검증해 보면, -p·-t·-k 계열의 발음들은 숨결이 막히는 색음운미(塞音韻尾)로서 입성(入聲)의 발음과 같은 느낌을 줍니다. 물론 현대표준중국어[普通話]에서는 모두 음성운(陰聲韻)으로 변했습니다. 學(학, xué)·發(발, fā)·業(업, yè)이 모두 모음(母音)으로만 구성된 운모(韻母), 즉 음성운(陰聲韻)으로 변했습니다.

이상 운모(韻母)의 구성과 분류, 그리고 통시적(通時的)인 변화 양상과 공시적(共時的)인 차이 등을 살펴보았습니다.

3.3.4. 한어병음자모(漢語拼音字母) 운모(韻母) 철자법의 주요 사항

한어병음자모(漢語拼音字母)의 철자법에서 운모(韻母) 부분의 주요 사항을 요약하면 다음과 같습니다.

① i가 성모(聲母) 없이 단독으로 쓰일 경우, y를 추가하여 yi 라고 쓴다.

② u가 성모(聲母) 없이 단독으로 쓰일 경우, w를 추가하여 wu라고 쓴다.

③ ü가 성모(聲母) 없이 단독 혹은 운두(韻頭)로 쓰일 경우, y 를 추가하고 ü를 u로 바꾸어 yu라고 쓴다.

예: ü → yu, üan → yuan, üe → yue, ün → yun 등.

④ i가 성모(聲母) 없이 운두(韻頭)로 쓰일 경우, i를 y로 바꾸 어 쓴다.

예: ia → ya, ian → yan, iang → yang, iao → yao,
ie → ye, iou → you 등.

⑤ u가 성모(聲母) 없이 운두(韻頭)로 쓰일 경우, u를 w로 바꾸 어 쓴다.

예: ua → wa, uai → wai, uan → wan, uang → wang, uei →

wei, uen → wen, uo → wo 등.

⑥ ü가 성모(聲母) j·q·x와 결합할 경우, ü를 u로 바꾸어 쓴다.

예: jü → ju, qü → qu, xü → xu, jüan → juan, qüe → que,

xün → xun 등.

이와 같은 한어병음자모(漢語拼音字母) 철자 규칙에서 특히 i와 ü가 운모(韻母) 중의 운두(韻頭) 혹은 주요모음(主要母音)으로 사용될 때 어떤 원칙으로 표기되는지 주의할 필요가 있습니다. 기본적으로 운모(韻母) 앞에 성모(聲母)가 없는 영성모(零聲母)일 경우에, i는 y를 첨가하여 yi로 표기하고, u는 w를 첨가하여 wu로 표기하며, ü는 위의 두 점을 생략한 u 앞에 y를 더하여 yu로 표기합니다. 그 다음은 우리가 많이 접해 볼 수 있는 예입니다. ü의 경우, 성모(聲母) n 혹은 l와 결합할 때에는 위의 두 점을 남겨두고 nü와 lü로 표기하고, 이 두 예를 제외하고는 일반적으로 위의 두 점을 생략합니다. 왜냐하면 nü와 nu, lü와 lu는 중국어에서 각각 별도의 음절(音節)로 존재하고 있으므로 구별해야 하는 발음이지만, 이러한 예를 제외하면 한어병음자모(漢語拼音字母) 표기법에서 ü와 u를 혼동할 여지가 없기 때문입니다. 그래서 ü 위의 두 점을 생략하여 ju·qu·xu로 표기하더라도 j·q·x 뒤에 붙은 u자의 실제 발음이 u가 아니라 ü

라는 사실을 알 수 있습니다. 성모(聲母) j·q·x는 모음(母音) u와 결합하지 않고 모음(母音) ü와만 결합해 발음되기 때문에 ju·qu·xu로 표기하더라도 jü·qü·xü로 인지하는 것입니다. 왜냐하면 j·q·x는 구강(口腔)의 앞쪽에서 발음되는 설면음(舌面音)인데, 모음사각도(母音四角圖)에서 살펴보았던 것처럼 u는 후설(後舌) 원순(圓脣) 고모음(高母音), 즉 구강(口腔) 뒤쪽에서 발음되는 모음(母音)이기 때문에, 구강(口腔) 앞쪽에서 발음되는 자음(子音)과 뒤쪽의 모음(母音)이 서로 끊어지지 않고 한 음절(音節) 안에서 결합될 수는 없습니다. 그래서 ju·qu·xu로 표기하더라도 여기에서의 u가 전설(前舌) 원순(圓脣) 고모음(高母音)인 ü라고 인지할 수 있다는 것입니다.

한어병음자모(漢語拼音字母)의 발음 구성 원리에서 u가 ü의 역할을 대체하는 경우도 있지만, u와 ü가 혼동의 여지가 있을 때에는 ü 위의 두 점을 그대로 남겨둬야 합니다. 다시 말하면, 위의 두 점을 없애더라도 혼동의 여지가 없으면 u로 표기해서 최대한 간략하고 편리한 방식으로 한어병음자모(漢語拼音字母) 표기법이 활용되고 있습니다. j·q·x 외의 다른 성모(聲母)의 경우는, 모음(母音)이 u이냐 ü이냐에 따라서 전혀 다른 음절(音節)이 되어 혼동의 여지가 있기 때문에 위의 두 점을 생략해서는 안 됩니다. 정리하면, 혼동의 여지가 있을 때는 위의 두 점을 남겨둬서 ü로 표시하고, 혼동의 여지가 없을 때는 위의 두 점을 빼고 간략하게 u로 대체한다는 의미입니다.

혼동의 우려가 크지 않다면, 표기상의 번거로움을 최소화하는 것이 바로 '경제적'인 방안입니다. 언어의 변화와 발전 과정에 나타나는 주요 추세 중에서, '경제성'이라는 맥락으로 이해할 수 있는 부분입니다. 모음(母音) ü와 u를 예로 들어 살펴보았듯이, 혼동 방지를 추구해야 하는 '표기의 명확성', 그리고 혼동 우려의 해소를 전제로 '표기의 경제성'을 추구해야 하는 상반된 맥락에서, 중국어의 성모(聲母) 체계와 우리말의 자음(子音) 표기 형식에서도 유사한 사례를 찾아볼 수 있습니다.

앞에서 잠깐 설명했던 것처럼, 『훈민정음(訓民正音)』 창제 당시에는 '음가(音價) 없는 이응(ㅇ)'과 '음가(音價) 있는 이응(ㆁ, 옛이응)'이 엄격히 구별되는 별도의 자음(子音)이었습니다. 'ㆁ'은 ng [ŋ]에 해당하는 음가(音價)를 나타냈지만, 'ㅇ'은 음가(音價) 없이 빈자리를 메꾸어주는 용도로만 사용되었습니다. 즉, 'ㅇ'은 중국어의 영성모(零聲母)에 해당하는 초성(初聲) 자리 혹은 받침이 없는 글자의 종성(終聲) 자리처럼 빈자리를 메꾸는 용도로 사용되었습니다. 이처럼 '빈자리 메꿈용' 역할이 필요했던 이유는, 『훈민정음(訓民正音)』 창제 초창기의 '동국정운(東國正韻)식 한자음(漢字音)

표기법'에서 모든 글자를 초성(初聲)·중성(中聲)·종성(終聲) 3요소가 구비된 형식으로 표기하였기 때문입니다. 현재의 개념으로 볼 때, 종성(終聲) 위치에 기역(-ㄱ)·니은(-ㄴ)·디귿(-ㄷ)·미음(-ㅁ)·비읍(-ㅂ) 등과 같은 자음(子音)이 들어가지 않고 모음(母音)으로 끝나는 음절(音節), 즉 초성(初聲)과 중성(中聲)으로만 구성되고 종성(終聲)이 없는 음절(音節)이라 하더라도, '동국정운(東國正韻)식 한자음(漢字音) 표기법'에서는 종성(終聲) 위치에 'ㅇ'을 채워 넣어 초성(初聲)·중성(中聲)·종성(終聲) 3요소가 모두 갖추어진 자형(字形)으로 표기했습니다.

한편, 중고중국어[中古漢語]의 성모(聲母) 체계를 반영하는 36자모(字母)에서 '疑母'는 아음(牙音)의 차탁(次濁) 성모(聲母)에 해당하고, 음가(音價)를 ng [ŋ]으로 추정합니다. 이 말은 36자모(字母) 체계의 중고중국어[中古漢語] 당시에 중국어의 성모(聲母), 즉 우리말의 초성(初聲)에 해당하는 요소로 ng [ŋ]이 사용되었다는 의미입니다. 이 ng [ŋ]은 우리말의 음가(音價) 있는 이응(ㅇ, 옛이응)에 해당합니다. 우리말에서 ng [ŋ], 즉 'ㅇ'이 초성(初聲)에 사용된 예는 『훈민정음언해(訓民正音諺解)』에서도 찾아볼 수 있습니다. 『훈민정음(訓民正音)』 창제 당시의 표기법에 따르면, "나랏말ㅆ미……(國귁之징語엉音흠……)"에서 '語(엉)'자의 초성(初聲)은 음가(音價)

있는 이응(ㆁ)이고 종성(終聲)은 음가(音價) 없는 이응(ㅇ)입니다. 'ㆁ'과 'ㅇ'이 엄밀하게 구별된 용례입니다. 하지만 조선 중기 이후에는 '이응'의 표기 형식이 음가(音價) 없는 이응(ㅇ)으로 단일화되어, 현대국어의 표기법처럼 초성(初聲)에 사용되는 'ㅇ'은 음가(音價)가 없지만 종성(終聲)에 사용되는 'ㅇ'은 음가(音價) 있는 이응(ㆁ, 옛이응)의 역할을 대체하여 ng [ŋ]이라는 발음을 나타내는 용도로 사용되었습니다. 이는 음가(音價) 있는 이응(ㆁ, 옛이응)이 초성(初聲)에는 사용되지 않도록 우리말의 초성(初聲) 체계가 변화한 경우로 추정해 볼 수도 있겠지만, 근본적으로는 순수 우리말이 아닌 한자음(漢字音) 표기에 나타나는 현상임을 고려하면, 중국어의 성모(聲母) 체계에서 우리말의 음가(音價) 있는 이응(ㆁ, 옛이응)에 해당하는 '疑母'의 발음이 ng [ŋ]에서 음가(音價) 없는 이응(ㅇ)의 발음처럼 [∅]로 변화했기 때문으로 추정할 수도 있는 현상입니다. 중국어 발음의 통시적(通時的) 변화 결과로 '疑母'의 음가(音價)가 ng [ŋ]에서 [∅]로 약화되어 바뀌었듯이, 현대표준중국어[普通話]에서는 ng [ŋ]이 성모(聲母)로 사용되지 않습니다. 그래서 '疑'자는 '동국정운(東國正韻)식 한자음(漢字音) 표기법'에서 '윙'자로 표기되었다가, 음가(音價) 있는 이응(ㆁ, 옛이응)과 음가(音價) 없는 이응(ㅇ)의 구분이 사라지고 'ㅇ'으로 통합되면서, 초성(初聲)은

'ㅇ'으로 쓰고 종성(終聲)은 빈자리를 그대로 둔 '의'자로 표기되는 변화가 발생합니다. 발음의 변화와 표기의 경제성이 두루 반영된 우리말 표기법의 변화 양상입니다. 위에서 살펴본 한어병음자모(漢語拼音字母) ü와 u의 경우도 마찬가지로, 혼동의 여지가 발생하지 않는 선에서, 언어의 경제성을 추구하는 표기의 간략화 방안으로 이해하면 되겠습니다.

운모(韻母)의 종류를 설명하면서 모음(母音) ü (위)를 우리말의 모음(母音) 체계와 연결 지어 언급했었는데, 우리말 'ㅟ'와 'ㅚ'의 발음 규정에 대한 보충 설명의 필요성이 제기되었습니다. 그래서 우리말의 관련 규정에 대하여 국립국어원 사이트에서 오픈소스로 제공되고 있는 내용을 간단하게 정리했습니다. 한국어 어문 규범 표준화 규정입니다. 2017년도부터 시행하고 있는 이 규정은 국립국어원 웹에서 쉽게 찾아볼 수 있는 내용입니다. 자음(子音)과 모음(母音) 부분에서 규정 제2장의 제3항과 제4항입니다. 제3항에서 "표준어의 모음은 다음과 같은 21개로 한다."며 모음(母音) 21개를 제시하면서 간단한 설명을 덧붙였습니다. 이 조항은 국어 모음(母音)의 수를 규정하고 있는데, 이러한 모음(母音)은 크게 단모음(單母音)과 복모음(複母音)으로 구분할 수 있습니다. 발음할 때 입술 모양이나 혀의 위치가 일정하게 유지되는 모음(母音)을 단모음(單母音)이라고 한다면, 이중모음(二重母音)은 발음하는 과정에 입술 모양이나 혀의 위치에 변화가 발생하는 모음(母音)입니다.

단모음(單母音)의 분류는 크게 혀의 위치와 입술 모양에 따라서 구분됩니다. 이 중에서 혀의 위치는 전후(前後)와 고저(高低)로 구분되기 때문에, 실제로는 혀의 전후(前後) 및 고저(高低) 그리고 입술 모양의 세 가지 기준에 따라 이루어집니다. 혀의 전후(前後) 위치에 따라서는 전설모음(前舌母音)·중설모음(中舌母音)·후설모음(後舌母音)으로, 혀의 고저(高低) 높이에 따라서는 고모음(高母音)·중모음(中母音)·저모음(低母音)으로, 입술의 모양으로는 평순모음(平脣母音)과 원순모음(圓脣母音)으로 구분할 수 있습니다.

평순모음(平脣母音)은 전순모음(展脣母音)이라고도 합니다. 원순(圓脣)은 입술을 동그랗게 오므린 것인데, 모음사각도(母音四角圖)에서 총 10개의 단모음(單母音)을 좌우, 즉 왼쪽에서 오른쪽으로 갈수록 전설모음(前舌母音)·중설모음(中舌母音)·후설모음(後舌母音)으로 각각 대응되도록 배치했습니다. 모음(母音) 'ㅣ'는 전설(前舌) 평순(平脣) 고모음(高母音)이라는 세 가지 특징을 가지고 있지 않습니까? 그래서 'ㅣ'를 예로 들었을 때, 평순(平脣) 고모음(高母音)이라는 공통점에 전설(前舌)과 후설(後舌)로 구별되는 요소가 'ㅜ'이고, 전설(前舌) 고모음(高母音)이라는 공통점에 평순(平脣)과

한자와 성운학

원순(圓脣)으로 구별되는 요소가 'ㅟ'입니다. 이런 식으로 각각 대응이 됩니다. 원순모음(圓脣母音)의 예를 든다면, 후설모음(後舌母音)에서 'ㅜ'는 고모음(高母音)이고 'ㅗ'는 반고모음(半高母音)에 해당합니다. 전설(前舌) 원순모음(圓脣母音)으로는 'ㅟ'와 'ㅚ'를 들수 있습니다. 모음사각도(母音四角圖)에서 한 번 확인해 보시기 바랍니다. 'ㅟ'는 전설(前舌) 원순(圓脣) 고모음(高母音)이고 'ㅚ'는 전설(前舌) 원순(圓脣) 반고모음(半高母音)에 해당합니다. 다만, 지금까지 예로 든 모음(母音)은 '단모음(單母音)'이므로 발음하는 중에 혀의 위치나 입술 모양이 일정하게 유지되어야 하며, 바뀌면 안됩니다. [붙임]에서 "'ㅚ'와 'ㅟ'는 이중모음(二重母音)으로 발음할 수 있다"라고 부연설명을 달아놓고 있습니다. 실제 언어 생활의 현실을 감안하면 전설(前舌) 원순모음(圓脣母音)에 해당하는 'ㅚ'와 'ㅟ'는 단모음(單母音) 대신 이중모음(二重母音)으로 발음하는 경우가 오히려 더 일반적입니다. 그래서 'ㅟ'를 이중모음(二重母音)으로 발음할 경우, 반모음 'ㅜ'와 단모음(單母音) 'ㅣ'를 연속하여 발음하는 것과 같습니다. 이중모음(二重母音)은 입술 모양이 바뀌어도 됩니다. 'ㅟ'를 이중모음(二重母音)으로 발음하면 입술 모양만 보더라도 'ㅜ'를 발음할 때의 '원순(圓脣)'에서 'ㅣ'의 '평순(平脣)'으로 바뀌면서 발음하게 됩니다. 혀의 전후(前後) 위치도 후설(後

舌)에서 전설(前舌)로 이동하게 됩니다. '긔'의 경우는, 반모음 'ㅜ'
와 단모음(單母音) 'ㅔ'를 연속하여 발음하는 것과 같아서 이중모
음(二重母音) 'ㅞ'와 동일한 발음이 된다고 설명하고 있습니다. 우
리말의 단모음(單母音) 항목을 보면 전설모음(前舌母音)과 후설모
음(後舌母音), 그리고 고(高)·중(中)·저모음(低母音)과 평순(平脣)·원
순(圓脣) 관계가 일목요연하게 대응되는 구도를 형성하고 있지만,
실제 발음에서는 '긔'와 'ㅟ'의 상황과 같이 단모음(單母音)과 복모
음(複母音) 중에 어떤 방식으로 발음해야 하는지, 분류상의 형식을
고려하더라도 발음상의 현실을 감안해서 적절하게 적용해야 하
는 경우도 있습니다.

　하지만 중국어에서의 상황은 다릅니다. '비가 내린다.'라는 의미
의 "下雨" xiàyǔ에서 yu를 발음할 때 입술 모양에 변화를 주면 이중
모음(二重母音)이 되어 다른 발음으로 인식될 우려가 있습니다. 우
리말처럼 원순(圓脣)에서 평순(平脣)으로 입술 모양이 바뀌면, yu라
는 단모음(單母音)의 음절(音節)로 인식되지 않고 wu라는 단모음(單
母音)과 yi라는 단모음(單母音)으로 이루어진 두 개의 음절(音節), 五
(wǔ)와 一(yī)로 오해가 발생할 수도 있습니다. 따라서 중국어의 ü
(yu)는 단모음(單母音)이므로 입술의 모양과 혀의 위치에 변화가 일
어나지 않도록 일정하게 유지하면서 발음해야 합니다.

제4장

성조(聲調)

4.1. 성조(聲調)의 개념

4.1.1. 초분절음소(超分節音素)

중국어는 '성조(聲調) 언어'라고도 합니다. 이 표현은 중국어 발음에서 성조(聲調)의 역할을 강조하는 의미이기도 하고, 성조(聲調)가 없는 대다수 언어와의 차이를 부각시켜 중국어의 특징을 강조하는 표현이 될 수도 있습니다. 성조(聲調)의 속성과 특징을 설명할 때, 흔히 '초분절음소(超分節音素, Suprasegmental Phoneme)'라는 분류로 정의합니다. 초분절음소(超分節音素)는 하나 이상의 분절음소(分節音素, Segmental Phoneme)에 걸쳐 나타나는 운소(韻素)로서, 강세(强勢)·고저(高低)·억양(抑揚)·음장(音長) 등이 대표적인 요소입니다. 분절(分節)은 마디마디 단위별로 나누는 것이므로, 분절음소(分節音素)는 음절(音節)을 나누어서 분석하는 단위가 되고, 초분절음소(超分節音素)는 분절음소(分節音素)를 '초월(supra-)'하여 하나 이상의 분절음소(分節音素)에 걸쳐 나타나는 요소입니다.

분절음소(分節音素)는 분절음운(分節音韻) 혹은 분절음(分節音)이라고도 합니다. 우리말의 예를 들어 살펴보면, 하나의 음절(音節)인 '말'은 자음(子音)인 'ㅁ'과 'ㄹ' 그리고 모음(母音) 'ㅏ'라는 세 개의 분절음소(分節音素)로 이루어져 있습니다. 세 개의 음소(音素)가 하나의 음절(音節)을 구성하고 있는 것입니다. 각각의 분절음소(分節音素)는 동일 범주에 속해 있는 타 음소(音素)와 교체하여 별도의 음절(音節)을 구성할 수 있습니다. '말'이라는 음절(音節)에서 'ㅁ'을 'ㅂ'으로 교체하면 '발'이라는 음절(音節)이 되고, 'ㅏ'를 'ㅜ'로 교체하면 '물'이라는 음절(音節)이 됩니다. 이처럼 각각의 분절(分節) 단위인 음소(音素)를 결합·해체·교체하여 별도의 음절(音節)을 생성할 수 있는 것은 분절음소(分節音素)의 기본적인 역할이기도 합니다. 그런데 동일한 분절음소(分節音素)로 구성된 '말'이라는 음절(音節)이지만, 언어를 의미하는 장음(長音)의 '말 : '과 동물 말[馬]을 의미하는 단음(短音)의 '말'은 장단(長短), 즉 음장(音長)이라는 발음상의 차이로 구별됩니다. 이처럼 분절음소(分節音素)로 분석되지 않는 장단(長短)이라는 요소가 바로 초분절음소(超分節音素)입니다. 다시 말하면, '말'은 분절음소(分節音素) 'ㅁ·ㅏ· ㄹ' 외에도 초성(初聲)인 자음(子音) 'ㅁ'에서 중성(中聲)인 모음(母音) 'ㅏ'를 거쳐 종성(終聲)인 자음(子音) 'ㄹ'에 이르기까지 전체적으로 걸쳐 있는 장단(長短)이라는 초분절음소(超分節音素)도 동시에 작용한다는 의미입니다. 분절음소(分節音素)는 음절(音節)을 구성하는 자음(子音)과 모음(母音)처럼 음소(音素)로 분석될 수 있는

한자와 성운학

단위들이고, 장단(長短)이나 강세(强勢)·억양(抑揚)·고저(高低) 등과 같이 각 분절음소(分節音素)에 걸쳐 발음의 차이를 나타내는 운소(韻素)는 초분절음소(超分節音素)입니다.

중국어의 성조(聲調)는 고저(高低)와 장단(長短)을 포함하는 요소입니다. 성조(聲調)의 특성에서 일반적으로 고저(高低)의 차이는 쉽게 떠올릴 수 있을 것입니다. 상대적으로 장단(長短)의 차이와 성조(聲調)를 연관시켜 생각하기는 쉽지 않을지도 모르겠습니다. 아마도 현대표준중국어[普通話]의 발음 체계에 국한해서 생각하다 보면, 성조(聲調)와 장단(長短)의 관계를 떠올리기는 쉽지 않을 것입니다. 하지만 현대중국어[現代漢語] 방언(方言)과 고대중국어[古代漢語]에서는 '입성(入聲)'이라는 성조(聲調)가 보편적으로 존재합니다. 이 입성(入聲)의 대표적인 특징은 '촉급(促急)', 즉 짧고 급하게 마무리되는 발음입니다. 물론 입성(入聲)이 높낮이의 차이를 나타내기도 하지만, 다른 성조(聲調)에 비해 짧게 나타나는 장단(長短)의 차이가 바로 입성(入聲)을 대표하는 특성입니다. 또한 절대적인 기준은 아니지만, 현대표준중국어[普通話]의 네 가지 성조(聲調)에서도 장단(長短)의 차이를 살펴볼 수 있습니다. 일반적으로 제1성과 제3성이 제2성이나 제4성보다 길게 발음됩니다. 현대표준중국어[普通話] 성조(聲調)의 장단(長短)에 대해서는 각 성조(聲調)의 특성을 파악한 후에 다시 살펴보겠습니다.

4.1.2. 사성팔조(四聲八調)

먼저 명칭 문제부터 짚고 넘어가겠습니다. 제1성·제2성·제3성·제4성이라는 용어는 초급중국어나 기초중국어 단계의 발음 학습 과정에서 일반적으로 사용되는 명칭이지만, 언어학 영역에서는 사실상 적절하지 않은 표현입니다. 왜냐하면 현대중국어[現代漢語]의 방언(方言) 중에는 성조(聲調)의 종류가 9가지 혹은 10가지나 되는 경우도 있는데, 이런 경우에도 제1성·제2성 ····· 제9성·제10성 등으로 지칭하다 보면, 현대표준중국어[普通話]의 제4성에 해당하는 성조(聲調)가 방언(方言) 지역에 따라서는 제5성이나 제6성에 해당하는 경우도 있기 때문입니다. 그래서 성조(聲調)의 종류를 지칭할 때는 역대 문헌에서 사용되었던 성조(聲調) 명칭인 '평(平)·상(上)·거(去)·입(入)', 즉 '평성(平聲)·상성(上聲)·거성(去聲)·입성(入聲)' 네 가지 성조(聲調)를 기준으로 합니다. 현대의 성운학(聲韻學) 관련 개론서 중에는 '사성팔조(四聲八調)'라는 표현으로 성조(聲調)를 분류하는 경우도 있습니다. 평(平)·상(上)·거(去)·입(入)을 성모(聲母)의 청탁(淸濁)에 따라 다시 음양(陰陽)으로 나누어 음평(陰平)·양평(陽平)·음상(陰上)·양상(陽上)·음거(陰去)·양거(陽去)·음입(陰入)·양입(陽入) 총 8개의 조류(調類)가 나올 수 있다고 해서 '사성팔조(四聲八調)'라고 표현합니다. 중고중국어[中古漢語] 시기의 36자모(字母)에서 살펴보았듯이, 성조(聲調)를 음양(陰陽)의 개념으로 분류하려면 각각의 성조(聲調)에 성모(聲母)의 청탁(淸濁)을 대응시켜 양조(陽調)와 음조(陰調)로 나누어야 합니다. 성조(聲調)의 분류와 명칭은 다음과 같은 관계로 이해할 수 있습니다.

			銀川		普通話		上海		博白	
平聲	平聲-陰	陰平	제1성	平聲	제1성	陰平	제1성	陰平	제1성	陰平
	平聲-陽	陽平			제2성	陽平	✕		제2성	陽平
上聲	上聲-陰	陰上	제2성	上聲	제3성	上聲			제3성	陰上
	上聲-陽	陽上							제4성	陽上
去聲	去聲-陰	陰去	제3성	去聲	제4성	去聲	제2성	陰去	제5성	陰去
	去聲-陽	陽去					제3성	陽去	제6성	陽去
入聲	入聲-陰	陰入	✕		✕		제4성	陰入	제7성	上陰入
									제8성	下陰入
	入聲-陽	陽入					제5성	陽入	제9성	上陽入
									제10성	下陽入

위 도표는 성조(聲調) 종류의 다양성을 확인할 수 있는 대표적인 방언(方言)의 사례를 비교한 것입니다. 물론 각 방언(方言)의 성조(聲調) 종류와 분류 상황은 복잡한 양상이 내포되어 있지만, 위에서는 대략적인 성조(聲調) 종류의 대응 관계만 살펴보았습니다. 성조(聲調)의 종류는 '평(平)·상(上)·거(去)·입(入)'을 기준으로 각각 음(陰)과 양(陽)으로 분류하는 방식이 통용되고 있습니다. 이 기준에 따르면 현대표준중국어[普通話]의 네 가지 성조(聲調)는 각각 '음평(陰平)·양평(陽平)·상성(上聲)·거성(去聲)'이 정확한 명칭입니다. 타 방언(方言)과 비교하지 않고 현대표준중국어[普通話]만 거론할 경우에는 '음(陰)·양(陽)·상(上)·거(去)'로 줄여서 지칭하기도 합니다. 현대표준중국어[普通話]의 '음평(陰平)·양평(陽平)·상성(上聲)·거성(去聲)'은 각각 고(高)·승(昇)·저(低)·강(降)을 특징으로 합니다.

4.2.3. 조류(調類)·조치(調值)

'5단계 성조 표기법[五度標調法]'에 따라 숫자로 표시되는 구체적인 음높이를 성조(聲調)의 음가(音價), 즉 조치(調值)라고 합니다. 성조(聲調)에 대한 분석은 크게 두 가지 측면으로 나누어 분석

한자와 성운학

할 수 있습니다. 하나는 성조(聲調)의 종류이자 분류인 '조류(調類)'
이고, 하나는 구체적인 성조(聲調)의 음가(音價)인 '조치(調値)'입니
다. 현대표준중국어[普通話]의 '조류(調類)'는 음평(陰平)·양평(陽
平)·상성(上聲)·거성(去聲) 네 가지로 구분되고, 각각의 '조치(調値)'
는 '55·35·214·51'입니다.

　현대중국어[現代漢語]의 '조류(調類)'는 고대중국어[古代漢語]
의 성조(聲調)가 음운변화(音韻變化) 규칙에 따라 발전 변화된 결과
입니다. 현대중국어[現代漢語]는 현대표준중국어[普通話]와 현대
의 중국어 방언(方言)을 포괄하는 개념입니다. 그래서 현대의 현대
표준중국어[普通話]든 광동방언(廣東方言)이든 상해방언(上海方言)
이든 객가방언(客家方言)이든 민방언(閩方言)이든……, 현대중국어
[現代漢語]의 조류(調類)는 성조(聲調)의 변화 규칙을 바탕으로 고
대중국어[古代漢語]의 조류(調類)와 일정한 대응 관계를 이루고
있습니다. 고대중국어[古代漢語]의 성조(聲調)는 평성(平聲)·상성
(上聲)·거성(去聲)·입성(入聲) 네 가지 조류(調類)로 구성되며, 분화
혹은 합병이라는 변화 과정을 거쳤습니다. 하지만 성조(聲調)의 음
가(音價), 즉 조치(調値)의 구체적인 높낮이에 대한 분석은 방언(方
言)마다 차이가 있을 뿐만 아니라 고대에는 구체적인 음가(音價)를
확인하기 어렵습니다.

조류(調類)에 대한 분석은 중고중국어[中古漢語] 이후에 근대중국어[近代漢語]와 현대중국어[現代漢語]로 오면서 언어학자들이 계속 관심을 가지고 있는 부분입니다. 물론 상고중국어[上古漢語] 시기, 즉 위진남북조(魏晉南北朝) 이전인 한(漢)나라, 진(秦)나라, 주(周)나라, 상(商)나라 시기에 중국어에 성조(聲調)가 있었는가 아니면 없었는가라는 문제에 대해서 학자들이 서로 다른 견해를 주장하고 있지만, 상고중국어[上古漢語] 시기에도 성조(聲調)가 있었기 때문에 『시경(詩經)』이나 『초사(楚辭)』 등에서 압운(押韻) 글자들을 분석할 수 있는 것입니다.

조치(調値)의 경우는 조류(調類)마다 차이가 있습니다. 북경방언(北京方言)과 천진방언(天津方言)의 예에 대해 설명해 놓은 자료가 있습니다.

현대표준중국어와 방언의 調値 비교

	陰平	陽平	上聲	去聲
例字	媽	麻	馬	罵
北京	ma 55	ma 35	ma 214	ma 51
天津	ma 11	ma 55	ma 24	ma 42

당작번(唐作藩, 1991: 56)에 의하면, 북경(北京)으로 대표된 것이 현대표준중국어[普通話] 성조(聲調)의 음가(音價)로, 우리가 발음 연습을 처음 시작할 때 가장 많이 했던 음평(陰平)·양평(陽平)·상성(上聲)·거성(去聲) 네 가지 성조(聲調)입니다. 현대표준중국어[普通話]에서는 媽(mā), 麻(má), 馬(mǎ), 罵(mà) 네 글자를 가지고 음평(陰平)은 5에서 5로, 양평(陽平)은 3에서 5로, 상성(上聲)은 2에서 1을 거쳐 4로, 거성(去聲)은 5에서 1로 구체적인 음높이를 제시하고 있습니다. 이와 관련하여 조원임(趙元任, 자오위안런)·유복(劉復, 류푸)·나상배(羅常培, 뤄창페이) 등의 학자들이 연구 결과에서 구체적인 음가(音價) 분석을 제시하고 있습니다.

'媽(어미 마)'자는 북경(北京)이나 천진(天津)에서 음평(陰平)으로 분류됩니다. 그런데, '馬(말 마)'자가 북경방언(北京方言)이나 천진방언(天津方言), 월방언(粤方言)이나 오방언(吳方言)에서는 상성(上聲)으로 분류되는데, 갑자기 다른 지역에서 평성(平聲)으로 분류되는 경우는 일반적이지 않습니다. 왜냐하면, 조류(調類)는 음운변화(音韻變化) 규칙에 따라 발전 변화한 결과이기 때문에 해당 글자가 상성(上聲)이라면 어느 지역에서나 동일하게 상성(上聲)으로 읽히는 것이 원칙입니다. 음운변화(音韻變化) 규칙의 결과로 인해 원래 고대중국어[古代漢語], 즉 중고중국어[中古漢語] 시기에 상성(上聲)이던 글자들이 거성(去聲)으로 변한 예들은 보입니다. 이러한 규칙을 탁상변거(濁上變去)라고 합니다. 또한 중고중국어[中古漢語] 시기에 입성(入聲)으로 분류돼 있던 글자들이 현대표준중국어[普通話]에 와서 음평(陰平)·양평(陽平)·상성(上聲)·거성(去聲)으로 분류되는 현상들도 각 지역 방언(方言)에서 찾아볼 수 있습니다. 이 규칙은 입파삼성(入派三聲), 혹은 입변삼성(入變三聲)이라고 합니다. 한편, 어느 지역에서나 상성(上聲)으로 읽히는 글자들이 있고, 어느 지역에서나 평성(平聲)으로 읽히는 글자들이 있으며, 평성(平聲)이 음평(陰平)과 양평(陽平)으로 분류된다면 어느 지역에서나 음평(陰平)으로, 또 어느 지역에서나 양평(陽平)으로 분류된다는 이야기입니다. 고대중국어[古代漢語]의 조류(調類)에서는 평성(平聲)·상성(上聲)·거성(去聲)·입성(入聲) 네 가지 조류(調類)로 분석해 놓고 있으며, 구체적인 조치(調値)에 대해서는 지역마다 차이가 있습니다.

　북경방언(北京方言)과 천진방언(天津方言)에서 동일하게 '媽'는 음평(陰平)으로 분류되고, '麻'는 양평(陽平)으로 분류되며, '馬'는 상성(上聲)으로 분류되고, '罵'는 거성(去聲)으로 분류됩니다. 만약 상성(上聲)이나 거성(去聲)도 음양(陰陽)으로 나누는 지역이 있다면 또다시 음상(陰上)·양상(陽上)·음거(陰去)·양거(陽去)로 분류되겠지만, 여기에서는 일단 대략적인 분류로서 양성(陽聲)에 속하는 글자의 예들만을 놓고 본다면 조류(調類)는 동일하게 적용됩니다. 왜냐하면 고대중국어[古代漢語]부터 현대중국어[現代漢語]로 발전하는 과정에서 음운변화(音韻變化) 규칙의 결과이기 때문에, 조류(調類)는 동일하게 적용되지만 구체적인 음가(音價)인 조치(調值)는 일치하지 않는다는 이야기입니다. 예를 들어, 북경(北京)에서 음평(陰平)의 높낮이는 5에서 5로 진행되는 고음(高音)입니다. 북경(北京)과 천진(天津)은 1시간 정도밖에 차이가 나지 않고 천진(天津)도 현대표준중국어[普通話] 지역이지만, 천진방언(天津方言)에서는 음평(陰平)의 높낮이가 저음(低音)입니다. 그리고 양평(陽平)의 경우, 북경(北京)에서는 3에서 5로 올라가는 높낮이인 반면, 천진방언(天津方言)에서는 5-5로 북경(北京)의 음평(陰平)과 동일합니다. 하지만 성조(聲調)의 분류, 즉 조류(調類)는 다르다는 겁니다. 실질적인 예로, 천진(天津) 지역에 가면 꽈배기처럼 튀긴 군것질거리인 천진(天津) '마화(麻花)' máhuā가 있습니다. 물론 현대표준중국어[普通話]든 천진방언(天津方言)이든 동일하게 '麻'자는 양평(陽平)으로 '花'자는 음평(陰平)으로 분류됩니다. 그런데 실질적으로 발음되는 음높이는 차이가 있습니다. 현대표준중국어[普通話]에서 '麻'자와 '花'자를 각각 3-5의 양평(陽平)과 5-5의 음평(陰平)으로 발음하는 것과는 달리, 천진방언(天津方言)에서는 양평(陽

平)인 '麻'자를 현대표준중국어[普通話]의 음평(陰平)과 같은 음높이, 즉 5-5의 고음(高音)으로 발음하고, 음평(陰平)인 '花'자는 1-1의 저음(低音)으로 발음합니다. 동일한 조류(調類)이기 때문에 동일하게 분류되지만, 조치(調値)인 구체적인 음높이는 지역마다 다르다는 의미입니다. 다시 말하면, 조류(調類)는 일정한 대응 관계에 따라 나타나는 음운변화(音韻變化)의 결과이지만, 각 조류(調類)의 구체적인 음높이인 조치(調値)는 지역마다 시기마다 달리 나타날 수 있습니다.

조류(調類)만 고려한다면 녕하회족자치구(寧夏回族自治區)의 은천방언(銀川方言)이 가장 적습니다. 평(平)·상(上)·거(去) 3개의 조류(調類)만 있고, 평성(平聲)도 음평(陰平)과 양평(陽平)으로 구분되지 않습니다. 반대로, 광동방언(廣東方言) 중 일부 지역은 9개의 조류(調類)가 있고, 광서장족자치구(廣西壯族自治區) 옥림시(玉林市) 박백현(博白縣)은 총 10개의 조류(調類)가 있다고 합니다. 평(平)·상(上)·거성(去聲)이 각각 음양(陰陽)으로 나뉘어 총 6개의 조류(調類)이고, 입성(入聲) 부분에서 상음입(上陰入)·하음입(下陰入)·상양입(上陽入)·하양입(下陽入), 즉 입성(入聲)을 음양(陰陽)으로 구분하고 다시 상하(上下)로 분류했습니다. 이렇게 총 10개의 조류(調類)로 구성됩니다.

한자와 성운학

성조(聲調)의 종류를 나타내는 조류(調類)는 평(平)·상(上)·거(去)·입(入) 사성(四聲)을 기준으로, 성모(聲母)의 청탁(淸濁)에 따라 사성(四聲)을 음양(陰陽)으로 분류하는 사성팔조(四聲八調)가 기본적인 분류법입니다. 그런데 광동방언(廣東方言)의 일부 지역이나 광서(廣西) 장족자치구(壯族自治區) 박백현(博白縣)의 경우에는 입성(入聲)을 세분화한 결과 9종 혹은 10종의 조류(調類)가 나타나는 것입니다.

4.2. 성조(聲調)의 분류

4.2.1. 성조(聲調) 표기법

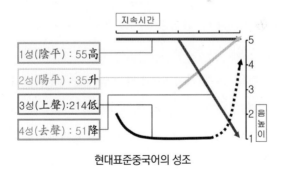

현대표준중국어의 성조

위 그림에 나타난 1 - 2 - 3 - 4 - 5 다섯 단계의 음높이 구분법은 조원임(趙元任, 자오위안런)이 1920년대에 창시한 '5단계 성조 표기법[五度標調法, Five level tone mark]'을 적용한 것입니다. 이 방안에 따르면, 현대표준중국어[普通話]뿐만 아니라 현대중국어[現代漢語] 방언(方言) 등에 나타나는 모든 성조(聲調)의 음높이 변화 패턴을 분류해서 표현할 수 있습니다. 즉, 1 - 2 - 3 - 4 - 5 다섯 단계로 음높이를 구분하여 각 성조(聲調)의 음높이 변화 양상을 숫자의 배열 차이로 나타냅니다. 음높이의 기준은 여성·남성·아동·성인 할 것 없이 일상생활에서 개개인이 가장 편안하게 발음하는 음높이를 '3'으로 가정하고, 3을 기준으로 약간 높은 4, 가장 높은 5, 그리고 3보다 약간 낮은 2, 가장 낮은 음을 1로 설정합니다.

조원임(趙元任, 자오위안런)의 '5단계 성조 표기법[五度標調法]'과 위 그림에서 제시한 사항을 결합하여, 현대표준중국어[普通話] 음평(陰平)·양평(陽平)·상성(上聲)·거성(去聲)의 특성을 항목별로 살펴보겠습니다.

음평(陰平)은 5에서 시작되어 5의 음높이를 평탄하게 유지하는 고평조(高平調)입니다. 사실 5로 표현되는 음높이는 일상생활에서 자연스럽게 발음하는 음높이인 3에 비하여 상대적으로 매우 높은 발음입니다. 인위적으로 성대(聲帶)를 긴장시켜 고음(高音)으로 발음해야 합니다. 고음(高音)으로 발음하면서 평탄하게 유지해야 되기 때문에 음평(陰平)의 발음 특성을 고평조(高平調)라고 하는 것입니다. 위 그림에서 제시한 바와 같이, 양평(陽平)·상성(上聲)·거성(去聲) 등 다른 성조(聲調)에 비해 '고(高)'라는 속성으로 대표됩니다. '5단계 성조 표기법[五度標調法]'에서 음평(陰平)은 '55'로 표기합니다.

양평(陽平)은 3에서 시작하여 5로 올라가는 승조(昇調)입니다. 평상시에 발음하는 음높이 3에서 가장 높은 음높이 5까지 끌어올리면서 발음합니다. 양평(陽平)은 '승(昇)'이라는 음높이의 변화 양상이 명확하게 나타나도록 발음해야 합니다. '5단계 성조 표기법[五度標調法]'에서 양평(陽平)은 '35'로 표기합니다.

상성(上聲)은 2에서 1로 끌어내렸다가 다시 4로 끌어올리는 강승조(降昇調)입니다. '강(降)'과 '승(昇)'의 음높이 변화가 결합된 형식으로 나타나기 때문에, 성조(聲調) 표시 기호를 'ᴠ' 자 모양처럼 표기합니다. 음평(陰平)·양평(陽平)·거성(去聲) 등 다른 성조(聲調)와 비교할 때 상대적으로 음높이가 낮은 점이 특징이기 때문에 '저조(低調)'라고도 합니다. '5단계 성조 표기법[五度標調法]'에서 상성(上聲)은 '214'로 표기합니다.

거성(去聲)은 가장 높은 음높이인 5에서 가장 낮은 1로 떨어뜨

리는 강조(降調)입니다. 거성(去聲)은 음평(陰平)과 마찬가지로 성
대(聲帶)를 긴장시켜 가장 높은 음높이 5에서 시작하여 가장 낮은
1까지 떨어뜨리는 발음이므로, '강(降)'이라는 음높이의 변화 양상
이 명확하게 나타나야 합니다. '5단계 성조 표기법[五度標調法]'에
서 거성(去聲)은 '51'로 표기합니다.

　성조(聲調)의 표기 방식에서 '5단계 성조 표기법[五度標調法]'은
'음(陰) 55·양(陽) 35·상(上) 214·거(去) 51' 등과 같이 숫자로 음높
이를 표시합니다. 국제음성기호(國際音聲記號)로는 yīn [in^{55}]·yáng
[iaŋ^{35}]·shǎng [ʂaŋ^{214}]·qù [tɕʰy^{51}]의 예처럼 숫자로 나타내는 방
법도 있고, yīn [in ˥]·yáng [iaŋ ˧˥]·shǎng [ʂaŋ ˨˩˦]·qù [tɕʰy ˥˩]처
럼 음높이의 변화를 그래프 형식으로 표기하는 방법도 있습니
다. 음평(陰平)·양평(陽平)·상성(上聲)·거성(去聲)의 음높이를 각각
'55·35·214·51'로 인정하고 표시하는 것은 현대표준중국어[普通
話]에 국한된 상황입니다. 방언(方言) 지역에 따라서는 성조(聲調)
의 구체적인 음높이가 성조(聲調)의 종류에 따라 각기 다른 양상
으로 나타나기 때문에, '24'라는 음높이가 있을 수도 있고 '33'이
라는 음높이가 있을 수도 있습니다.

4.2.2. 상성(上聲)의 변조(變調)

상성(上聲)은 음평(陰平)·양평(陽平)·상성(上聲)·거성(去聲) 등 타 성조(聲調) 앞에 위치하면 변조(變調)가 발생합니다. 변조(變調)란 성조(聲調)의 음높이에 변화가 발생한다는 의미입니다. 상성(上聲) 이 고유의 음높이인 '214'로 발음되는 경우는 다음과 같은 세 가 지 유형으로만 나타납니다.

① 상성(上聲)의 글자가 단독으로 사용되는 경우
② 어휘의 마지막 글자로 상성(上聲)이 사용되는 경우
③ 문장의 마지막 글자로 상성(上聲)이 사용되는 경우

즉, 상성(上聲) 뒤에 다른 글자가 연이어 발음되지 않는 경우에 만 고유의 음높이인 '214'로 발음됩니다. 상성(上聲) 뒤에 다른 글 자가 연이어 발음되는 경우에는 변조(變調)가 발생합니다. 상성(上 聲)의 변조(變調)는 뒤에 연이어 발음되는 글자가 상성(上聲)인 경 우와 상성(上聲)이 아닌 타 성조(聲調)의 글자인 경우로 나눌 수 있 습니다.

① 상성(上聲) 뒤에 상성(上聲)이 연이어 발음되는 경우에는, 앞의 상성(上聲)이 '214'의 음높이에서 '35'의 음높이로 변조(變調)가 발생하여 양평(陽平)처럼 발음됩니다. 그래서 일반적으로 '상성(上聲) + 상성(上聲)'은 '양평(陽平) + 상성(上聲)'으로 성조(聲調)가 바뀌어 발음된다고 설명합니다.

② 상성(上聲) 뒤에 음평(陰平)·양평(陽平)·거성(去聲)·경성(輕聲) 등이 연이어 발음되는 경우에는, 강승조(降昇調)인 상성(上聲) 고유의 음높이 '214'에서 '승(昇)'을 나타내는 부분 '14'가 생략되어 '21'의 음높이로만 발음됩니다. 표면적으로는 '강(降)'에 해당하는 '21'의 음높이 변화 양상만 구현되는 것처럼 보이지만, 실질적으로는 '2 - 1 - 1' 정도의 음높이로 '저조(低調)'의 속성이 두드러지게 나타납니다. 이처럼 고유의 음높이 '214'가 음평(陰平)·양평(陽平)·거성(去聲)·경성(輕聲) 등의 타 성조(聲調) 앞에서 '211'로 변조(變調)되는 상성(上聲)을 '반상성(半上聲)' 혹은 '반3성(半3聲)'이라고 합니다.

한 가지 덧붙여 언급할 점은, 중국어를 갓 배우기 시작하는 시기에는 제3성이라고 하는 상성(上聲)과 제2성 양평(陽平)의 발음을 혼동하는 경우도 볼 수 있습니다. 강승조(降昇調)로 나타나는 상성(上聲)의 1에서 4로 올라가는 '승(昇)' 부분과 양평(陽平)의 3에서 5

한자와 성운학

로 올라가는 승조(昇調) 패턴의 유사성으로 인한 혼동입니다. 이러한 양평(陽平)과 상성(上聲)의 명확한 구분을 위해서는 상성(上聲)의 특징인 '저(低)'에 중점을 두고 발음하면, '14'의 '승(昇)' 부분과 '35'로 나타나는 양평(陽平)의 '승(昇)' 패턴을 혼동하지 않을 수 있습니다. 상성(上聲)은 평상시에 발음하는 음높이보다 약간 더 낮은 2에서 시작하여 가장 낮은 음높이인 1에서 길게 지속하는 데 중점을 두어야 합니다. '5단계 성조 표기법[五度標調法]'으로는 '214'로 표기되지만, 실제 발음에서는 '2 - 1 - 1 - 1 - 4' 정도의 음높이 변화와 지속 시간으로 표현할 수 있습니다. 위 그림에서 예로 든 상성(上聲)의 음높이 변화 패턴에서, 점선으로 표기된 부분을 눈여겨볼 필요가 있습니다. 1에서 4의 음높이로 끌어올리는 '승(昇)'의 양상으로 발음하되, 가장 낮은 음높이인 1까지 인위적으로 끌어내린 상태를 유지하다가, 힘을 빼고 자연스럽게 끌려 올라가듯이 발음하라는 의미입니다.

4.2.3. 성조(聲調)의 발견과 활용

사성(四聲)이 문헌상에 처음으로 나타난 시기는 위진남북조(魏

晉南北朝) 중에서 남조(南朝) 시기입니다.[9] 양(梁)나라 때의 역사를 기록해 놓은 『양서(梁書)』에 심약(沈約)이라는 학자를 소개하는 부분이 있습니다. 중국 문학 관련 내용에서는 '심약(沈約)', '사성팔병설(四聲八病說)', '영명체(永明體)' 등의 문학사적 의의와 영향 관계가 중요한 분석 대상입니다.

'영명(永明)'은 제(齊)나라 무왕(武王)의 연호(年號)입니다. 영명(永明) 시기는 문인(文人)들의 활발한 작품 활동으로 중국 문학 발전의 전기를 마련한 시기로 평가됩니다. 당시의 학자들 중에는 '사성(四聲)'이라는 개념에 대해 인식하고 책을 편찬한 문인들도 있었습니다. 특히 심약(沈約)의 『사성보(四聲譜)』는 비록 실전(失傳)되었지만 중국 문학의 역사를 논할 때 빠지지 않고 거론되는 문헌입니다. 물론 주옹(周顒)이 평(平)·상(上)·거(去)·입(入) 사성(四聲)을 가장 먼저 인식했고 『사성절운(四聲切韻)』이라는 책을 편찬했다는 기록도 있습니다. 당시에 '경릉팔우(竟陵八友)'로 지칭되는

---

9   중국어의 '시대 구분'에 대해서 간략하게 살펴보면, 위진남북조(魏晉南北朝) 이전을 상고중국어[上古漢語]라고 하고, 위진남북조(魏晉南北朝) 및 수(隋)·당(隋)·송(宋)나라 즈음까지를 중고중국어[中古漢語]라고 합니다. 그다음으로 원(元)·명(明)·청(淸)나라 시기를 근대중국어[近代漢語]라고 하고, 청(淸)나라 및 중화민국(中華民國) 이후를 현대중국어[現代漢語]라고 합니다. 성조(聲調) 분류에서 평성(平聲)·상성(上聲)·거성(去聲)·입성(入聲)으로 대표되는 고대(古代)라는 시기는 일반적으로 중고중국어[中古漢語]를 지칭합니다.

8명의 문인들이 활발한 창작 활동으로 후세에 높은 평가를 받고 있는데, 이 중의 한 사람인 소연(蕭衍)이 후에 양(梁)나라 무제(武帝)가 됩니다. 남조(南朝) 시기에는 '무제(武帝)'라는 시호를 선호했기 때문에, 제(齊)나라에도 무제(武帝)가 있고 양(梁)나라에도 무제(武帝)가 있었습니다. 이 중 제(齊)나라 무제(武帝) 시기를 영명(永明) 시기라고 합니다. 경릉팔우(竟陵八友)를 비롯한 문인들에 의해서 영명(永明) 시기에 유행했던 시가(詩歌) 창작의 문체를 '영명체(永明體)'라고 합니다. 영명체(永明體)는 '신체시(新體詩)'라고 합니다. 특히 영명체(永明體)는 이후에 이백(李白), 두보(杜甫) 등의 걸출한 시인들로 중국 문학을 대표하는 당시(唐詩), 즉 '근체시(近體詩)'의 근원이라고 할 수 있습니다. 중국 문학의 꽃으로 평가되는 근체시(近體詩)가 발전할 수 있었던 배경으로는, 성조(聲調)를 비롯한 중국어 발음에 대한 인식과 분석 능력을 바탕으로 엄밀한 형식미를 더할 수 있었던 점도 간과할 수 없습니다.

정사(正史)인지에 대한 검증은 필요하겠지만, '사성(四聲)'과 관련해서 재미를 더할 수 있는 기록이 있습니다. 『양서(梁書)·심약전(沈約傳)』에 의하면, 심약(沈約)은 옛날 그렇게나 많은 뛰어난 학자들과 시인(詩人)들이라 하더라도 몇천 년 동안이나 깨우치지 못했던 '사성(四聲)'이라는 오묘한 진리를 발견하고는 기고만장해져서, 자신만이 묘한 이치를 깨달아 입신(入神)의 경지에 이르렀다고 자만하니, 벗처럼 지내다 후에 양(梁) 무제(武帝)가 된 소연(蕭衍)도 기고만장한 심약(沈約)을 못마땅하게 여기게 되었다고 합니다. 하지만 '사성(四聲)'이 무엇인지 궁금했던 양(梁) 무제(武帝)는 주옹(周顒)의 아들인 주사(周捨)에게 '사성(四聲)'에 대해서 묻습니다. "사성이라고 하는 것이 도대체 무엇이냐?[何謂四聲?]"라고 물었더니, 주사(周捨)는 황제 앞에서 주저하지 않고 네 글자로 '天子聖哲(천자성철)'이 바로 사성(四聲)이라고 대답합니다. 대답이 걸작입니다. 내용상으로도 황제가 듣기에 매우 흡족할 만한 의미를 네 글자로 담아냈을 뿐만 아니라, '天·子·聖·哲'은 순서대로 평성(平聲)·상성(上聲)·거성(去聲)·입성(入聲)의 예자(例字)에 해당합니다. 이처럼 즉석에서 '天·子·聖·哲'이라는 네 글자로 평(平)·상(上)·거(去)·입(入)의 용례를 제시하고 내용상으로도 완벽한 구절을 지어낼 정도로, 그 당시 문인들은 보편적으로 '사성(四聲)'에 대해서 널리 인식하고 있었음을 알 수 있습니다. 이처럼 남조(南朝) 영명체(永明體)와 관련 깊은 양(梁) 무제(武帝) 소연(蕭衍)과 심약(沈約) 그리고 주사(周捨)에 얽힌 이야기를 통해, 심약(沈約)이나 주옹(周顒) 등을 비롯한 당시 문인들은 이미 보편적으로 사성(四聲)에 대한 개념을 인식하고 널리 활용하던 시기였음을 알 수 있습니다.

한자와 성운학

4.2.4. 평성(平聲)·측성(仄聲)

평측(平仄)의 '평(平)'은 평평한 성조(聲調)인 평성(平聲)을 뜻하고, '측(仄)'은 기울어진 성조(聲調)인 측성(仄聲)을 뜻합니다. 평측(平仄)은 시운(詩韻)을 분석할 때 압운자(押韻字)만이 아니라 배치하는 시어(詩語), 즉 시구(詩句)에서 평성자(平聲字)를 배치하는 자리와 측성자(仄聲字)를 배치하는 자리를 정해두고 그 자리에 어떤 글자를 배치해야 운율(韻律)과 의미에 맞는 시구(詩句)를 지어낼 수 있는지 고민하게 됩니다. 예를 들어 평평측측평(平平仄仄平), 측측평평측(仄仄平平仄) 이런 식으로 평성자(平聲字)를 배열하는 자리와 측성자(仄聲字)를 배열하는 자리가 정해져 있기 때문에, 시(詩)를 읽기만 해도 리듬감을 느낄 수 있습니다. 조류(調類) 평(平)·상(上)·거(去)·입(入) 사성(四聲) 중에서 평성(平聲)은 말 그대로 평성(平聲)이고, 나머지 상(上)·거(去)·입성(入聲)은 기울어진 성조(聲調)인 측성(仄聲)으로 분류됩니다.

칼그렌이 언급한 내용 중에 '서촉(舒促)'이라는 표현이 있습니다. 평성(平聲)은 "橫調, 舒收"로, 상성(上聲)은 "升調, 舒收"로, 거성(去聲)은 "降調, 舒收"로 설명했습니다. 즉, 평성(平聲)·상성(上聲)·거성(去聲) 모두 급하지 않게 편안하고 천천히 거두어들이되, 평성(平聲)은 옆으로 쭉 진행되는 성조(聲調) 값이고 상성(上聲)은 올라가는 성조(聲調) 값이며 거성(去聲)은 내려가는 성조(聲調) 값이라는 표현입니다. 반면, 입성(入聲)은 "促收"로 설명하고 있습니다. 급하게 거두어들인다는 표현입니다. 다시 말하면, 성조(聲調)를 '서성(舒聲)'과 '촉성(促聲)'이라는 개념으로 성조(聲調)를 분류하는 것입니다. 운모(韻母) 부분에서 음(陰)·양(陽)·입(入)이라는 세 가지 종류의 운미(韻尾)에 따라 운모(韻母)를 분류했습니다. 즉, 운미(韻尾)에 따라서 운모(韻母)를 음성운(陰聲韻)·양성운(陽聲韻)·입성운(入聲韻)으로 나눌 수 있다는 의미입니다. 이때 음성운(陰聲韻)과 양성운(陽聲韻)을 합친 개념이 바로 서성운(舒聲韻)입니다. 서성(舒聲)은 급하게 끝나지 않아 시어(詩語)의 발음을 편안하게 쭉 길게 늘어뜨릴 수 있습니다. 조류(調類) 측면에서는 평(平)·상(上)·거(去) 세 가지가 서성(舒聲)에 포함됩니다. 반대로, 촉성(促聲)은 짧고 급하게 끝납니다. 促(촉)자는 재촉하다, 급하다는 의미입니다. 음절(音節) 구조에서 색음운미(塞音韻尾)인 -p, -t, -k 계열로 구성됩니다. 색음운미(塞音韻尾)가 들어가 있으면 그 음절(音節)이 닫혀서 조급하게 끝나고 발음을 길게 끌 수 없습니다. 쏙 들어가는 것처럼 느껴져서 Entering Tone, 즉 입성(入聲)이라고 하고, 발음이 촉급하기 때문에 촉성(促聲)이라고 표현합니다. 정리하면, 서촉(舒促)은 조류

(調類)에 대한 분류이기도 하고, 운모(韻母)의 구조에 대한 분류이기도 합니다. 그래서 평측(平仄)과 더불어 서측(舒促)의 분류법을 파악하는 것은, 중국어 발음에 근거한 시어(詩語)의 리듬감을 이해하는 데 도움이 됩니다.

4.3. 성조(聲調)의 변천

4.3.1. 성조(聲調)와 운서(韻書)

『광운(廣韻)』은 총 5권으로 제1권에 평성(平聲) 상권을, 제2권에 평성(平聲) 하권을, 제3권에 상성(上聲)을, 제4권에 거성(去聲)을, 제5권에 입성(入聲)을 배치합니다. 『절운(切韻)』[10]도 마찬가지입니다.

10　『절운(切韻)』은 수(隋)나라 시기에 육법언(陸法言)이라는 학자가 저술한 운서(韻書)입니다. 지금은 남아 있지 않고 일부 낙장본 정도만 발굴되고 있습니다. 『절운(切韻)』이 가장 완전한 형태로 남아 있는 것은 당(唐)나라 시기의 『절운(切韻)』 수정본 혹은 증보본에 해당하는 『간류보결절운(刊謬補缺切韻)』입니다. 이 운서(韻書)는 돈황(燉煌)에서 발굴된 것으로, 왕인후(王仁煦)라는 학자가 『절운(切韻)』의 오류를 바로잡고 모자란 부분을 보충한 수정본입니다. 하지만 『광운(廣韻)』이라는 운서(韻書) 때문에 『간류보결절운(刊謬補缺切韻)』은 현재 많이 활용되고 있지 않습니다. 『광운(廣韻)』은 송(宋)나라 시기에 편찬되었고 명(明)나

만약 목판본으로 했을 때 한 권당 두 책으로 나오면 총 10책이 되는 것인데, 5권 체제를 기본 구조로 하고 평성(平聲)만 상하(上下)로 나눴습니다. 여기서의 상하(上下) 개념은 근대중국어[近代漢語] 이후에 평성(平聲)을 음(陰)과 양(陽), 즉 음평(陰平)과 양평(陽平)으로 나눈 개념과는 전혀 다른 개념으로, 단지 글자 수가 많아서 제1권과 제2권의 개념으로 상하(上下)로 나눈 것입니다. 그래서 『광운(廣韻)』에서는 상평성(上平聲)이나 하평성(下平聲), 상평(上平)과 하평(下平)이라는 용어가 사용되는데, 이는 평성(平聲)의 상권과 하권이라는 개념입니다. 운서(韻書)는 운문(韻文)을 지을 때 운자(韻字)들을 찾아보기 위한 공구서입니다. 그래서 평성(平聲)인 글자들을 수록한 것과 측성(仄聲)인 글자들을 수록한 것이 거의 반반 정도가 되도록 글자들을 수록해 놓고 있습니다. 평성(平聲)인 글자들이 나머지 상성(上聲)·거성(去聲)·입성(入聲)만큼이나 많다보니, 구조상 평성(平聲)만을 상하권으로 나눈 것입니다. 그래서 상평성(上平聲)·하평성(下平聲)·상성(上聲)·거성(去聲)·입성(入聲) 이런 식으

라와 청(淸)나라를 거치면서 학자들이 가장 많이 활용한 운서(韻書)입니다. 『절운(切韻)』계 운서(韻書)는 전통 운서(韻書)라고 불리며, 『광운(廣韻)』 이후 『집운(集韻)』·『예부운략(禮部韻略)』·『오음집운(五音集韻)』 등 다양한 운서(韻書)들이 있습니다.

한자와 성운학

로 총 5권 구조로 이루어지게 된 것입니다.

　『절운(切韻)』계 운서(韻書)에서 성조(聲調) 체계는 평(平)·상(上)·거(去)·입(入) 사성(四聲)을 먼저 설정하고 성조(聲調)별로 운(韻)들을 나눴습니다. 이런 체계를 따른 『절운(切韻)』계 운서(韻書)를 전통 운서(韻書)라고 간주하는 것은, 운서(韻書)의 가장 큰 효용이 과거 시험에서 작시(作詩)를 할 때 압운(押韻)의 근거가 되기 때문입니다. 광동성(廣東省) 사람은 광동성(廣東省) 사람대로, 흑룡강성(黑龍江省) 사람은 흑룡강성(黑龍江省) 사람대로, 감숙성(甘肅省) 사람은 감숙성(甘肅省) 사람대로, 서로 다른 발음으로 압운(押韻) 글자를 고르면 작시(作詩) 채점에서 통일된 채점 기준이 없게 됩니다. 그래서 국가에서 운서(韻書)의 편찬을 주관했습니다. 『예부운략(禮部韻略)』이란 당시에 문서의 표준화를 책임지고 과거 제도를 관장하던 부서였던 예부(禮部)에서 간략하게 편찬한 운서(韻書)라는 의미입니다. 그래서 이런 부류의 운서(韻書)를 『절운(切韻)』계 운서(韻書) 혹은 전통 운서(韻書) 혹은 관운서(官韻書)라고 합니다.

　한편, 『절운(切韻)』계 운서(韻書)와 상대적인 개념으로 『중원음운(中原音韻)』 계열 운서(韻書)가 있습니다. 『중원(中原)』 계열의 운서(韻書)는 원(元)나라 시기부터 나타나기 시작한 민간 문학인 곡(曲)의 압운자(押韻字) 검색을 위한 공구서입니다. 그래서 전통 운서(韻書)와 거리가 있고, 그 당시 원(元)나라 시기의 수도인 대도(大都), 연경(燕京), 즉 현재의 북경(北京) 지역의 실질적인 발음 현상인 평분음양(平分陰陽), 탁상변거(濁上變去), 입파삼성(入派三聲) 등을 반영하고 있기 때문에 매우 중요한 위치를 차지합니다.

4.3.2. 성조(聲調)에 대한 인식의 변화

'사성(四聲)'에 대한 인식은 위진남북조(魏晉南北朝)의 남조(南朝) 시기, 즉 5-6세기경부터 시가(詩歌) 창작에 본격적으로 활용하기 시작했지만, 성조(聲調)의 구체적인 음가(音價)를 표기하거나 분석할 수 있었던 시기는 아니었습니다.

한편, 당(唐)나라 때의 승려 처충(處忠)이 『원화운보(元和韻譜)』에 성조(聲調)의 발음법과 특성을 묘사한 내용이 기록되어 있습니다.

> 平聲哀而安
> 上聲厲而擧
> 去聲淸而遠
> 入聲直而促

이 기록에 대하여 역대 학자들의 다양한 해석과 분석 결과가 제시되었지만, 구체적인 발음법이나 조치(調値)를 파악하기는 쉽지 않습니다. 또한 청(淸)나라 때의 『강희자전(康熙字典)』에도 유사한 예로 명(明)나라 승려 진공(眞空)이 「옥약시가결(玉鑰匙歌訣)」에서 사성(四聲)에 대하여 묘사한 내용이 수록되어 있습니다.

> 平聲平道莫低昂
> 上聲高呼猛烈强
> 去聲分明哀遠道
> 入聲短促急收藏

당(唐)나라 처충(處忠)과 명(明)나라 진공(眞空)이 사성(四聲)에 대하여 묘사한 내용을 비교하면 다음과 같습니다.

	당(唐) 처충(處忠) 『원화운보(元和韻譜)』	명(明) 진공(眞空) 「옥약시가결(玉鑰匙歌訣)」
평성(平聲)	哀而安	平道莫低昂
상성(上聲)	厲而擧	高呼猛烈强
거성(去聲)	淸而遠	分明哀遠道
입성(入聲)	直而促	短促急收藏

처충(處忠)과 진공(眞空)이 묘사한 내용은 표면적으로는 차이가 있지만 내용상으로는 차이가 크지 않은 것으로 보입니다. 다만 처충(處忠)은 평성(平聲)을 묘사할 때 '哀'자를 사용한 반면, 진공(眞空)은 '哀'자를 거성(去聲)에 사용하여 둘 사이에 표면적인 차이가 나타납니다. 그렇지만 평성(平聲)이든 거성(去聲)이든 '哀'라는 표현이 성조(聲調)를 묘사할 때 어떤 의미로 사용된 것인지, 지금으로서는 명확하게 단정하기 어렵습니다. 그 외에는 대동소이한 표현으로 보입니다. 특히 입성(入聲)에 대해서는 "直而促"과 "短促急收藏"으로 묘사하여 공통적으로 '짧고 촉급하게 거두어들이는' 발음법을 설명한 것으로 보이며, 타 성조(聲調)에 비해 짧게 나타나는 '음장(音長)'의 차이를 묘사한 것으로 이해할 수 있습니다. 전체적으로 대략적인 의미는 추정할 수 있겠지만, 주관적이고 추상적인 묘사에 그치고 있어서 구체적인 내용을 파악하기는 쉽지 않습니다.

4.3.3. 평분음양(平分陰陽)

평분음양(平分陰陽)은 평성(平聲)이 음평(陰平)과 양평(陽平)으로 분화된 현상을 가리킵니다. 주덕청(周德淸)의 『중원음운(中原

音韻』에 반영되어 있습니다. 앞에서 언급한 바와 같이, 『광운(廣韻)』은 성조(聲調)에 따라 상평(上平)·하평(下平)·상성(上聲)·거성(去聲)·입성(入聲) 총 5권 체제로 이루어진 반면, 『중원음운(中原音韻)』은 평성음(平聲陰)·평성양(平聲陽)·상성(上聲)·거성(去聲) 네 가지로 성조(聲調)를 분류하고 있습니다. 운서(韻書) 자체의 구성 체계는, 『광운(廣韻)』은 먼저 성조(聲調)에 따라 분류해 놓고 내부적으로 운(韻)에 따라 분류하고 다시 성모(聲母)에 따라 분류한 반면, 『중원음운(中原音韻)』은 전체적으로 운(韻)을 먼저 분류해 놓고 각각의 운(韻) 내부에서 다시 평성음(平聲陰)·평성양(平聲陽)·상성(上聲)·거성(去聲)으로 분류해 놓고 있습니다. 조류(調類)에서 평성(平聲)을 음(陰)과 양(陽)으로 구분한 근거를 후대 학자들이 대응시켜서 역추적해 본 결과, 근대중국어[近代漢語]에 와서 원래 중고중국어[中古漢語] 시기에 평성(平聲)이던 글자 중에서 성모(聲母)가 청음(清音)인 글자는 음평(陰平)으로 분류됐고 전탁성모(全濁聲母)인 글자는 양평(陽平)으로 분류된 것을 확인하게 됩니다. 그리고 현대표준중국어[普通話]에 와서 음평(陰平)은 제1성과, 양평(陽平)은 제2성과 대응되어 이전 시기의 뿌리를 확인할 수 있게 됩니다. 이러한 현상이 바로 평분음양(平分陰陽)이고, 현대표준중국어[普通話] 및 북방방언(北方方言) 입장에서 이러한 통시적인 변화를 귀납시킨 것입니다.

왜냐하면 남방방언(南方方言)에서는 평성(平聲)뿐만 아니라 상성(上聲)도 음양(陰陽)으로, 거성(去聲)도 음양(陰陽)으로, 입성(入聲)도 음양(陰陽)으로 모두 나눠질 수도 있기 때문입니다. 또 일부 방언(方言) 같은 경우는 조류(調類)가 총 10개까지 분류되기도 합니다. 음양(陰陽)으로 분류하는 기준은 성모(聲母)의 청탁(淸濁)입니다. 청음성모(淸音聲母)를 가진 글자들은 음조(陰調)로, 탁음성모(濁音聲母)를 가진 글자들은 양조(陽調)로 귀납되고, 만약 청음성모(淸音聲母)인 거성(去聲)이라면 음거(陰去)로, 탁음성모(濁音聲母)인 거성(去聲)은 양거(陽去)로 분류됩니다. 현대표준중국어[普通話]에서는 이 정도까지 구분하지 않습니다.

4.3.4. 탁상변거(濁上變去)

탁상변거(濁上變去)는 전탁성모(全濁聲母)인 상성자(上聲字)가 근대중국어[近代漢語] 이후 현대표준중국어[普通話] 이르러서 거성(去聲)으로 변화한 것으로, 현대표준중국어[普通話] 즉 북방방언(北方方言)에 국한된 현상입니다. 弟 dì, 倦 juàn, 睡 shuì 이런 글자들은 『광운(廣韻)』, 즉 중고중국어[中古漢語] 시기에는 다 상성

한자와 성운학

(上聲)에 수록되어 있으면서 전탁성모(全濁聲母)에 해당하는 글자를 반절상자(反切上字)로 쓰던 글자들입니다. 이 글자들은 근대중국어[近代漢語] 이후 발음이 거성(去聲)으로 변했지만, 남방방언(南方方言)에서는 지금도 거성(去聲)으로 변하지 않고 양상(陽上)으로 읽히는 지역이 더 많습니다. 상성(上聲)이 음양(陰陽)으로 구분되는 지역에서는 전탁성모(全濁聲母)인 상성자(上聲字)는 양상(陽上)으로 분류되고, 청음성모(淸音聲母)인 상성자(上聲字)는 음상(陰上)으로 분류됩니다. 음상(陰上), 양상(陽上)으로 분류되는 지역에서는 그 틀을 유지하는 반면, 현대표준중국어[普通話] 지역인 북방방언(北方方言)에서는 상성(上聲)을 음양(陰陽)으로 나누지 않고 전탁성모(全濁聲母)인 상성자(上聲字)들이 거성(去聲)으로 발음됩니다. 100%는 아니지만 전탁성모(全濁聲母)를 가진 상성자(上聲字) 대부분은 이 규칙에 따라서 성조(聲調)의 종류, 즉 조류(調類) 자체가 거성(去聲)으로 변했기 때문에 이를 하나의 음운변화(音韻變化) 규칙으로 설명하고 있습니다.

4.3.5. 입파삼성(入派三聲)

색음운미(塞音韻尾) -p, -t, -k로 구성된 운모(韻母)를 입성운(入

聲韻)이라고 했습니다. 동일한 글자를 운모(韻母) 측면에서 분류한다면 '입성운(入聲韻)'으로 지칭하고, 성조(聲調) 측면에서는 '입성(入聲)'으로 지칭합니다. 입성(入聲)의 음운변화(音韻變化) 현상은 입파삼성(入派三聲)으로 명명합니다. 입파삼성(入派三聲)이란 입성(入聲)이던 글자들이 근대중국어[近代漢語] 이후 현대표준중국어[普通話]에 이르러서 음평(陰平)·양평(陽平)·상성(上聲)·거성(去聲)으로 각각 흩어져서 들어간 것을 의미합니다. 우리 한자음(漢字音)으로 읽어보면, 입성자(入聲字)는 비읍 받침(-ㅂ), 리을 받침(-ㄹ), 아니면 기역 받침(-ㄱ)인 글자들입니다. 이런 입성(入聲) 글자들을 현대표준중국어[普通話]로 읽으면 모두 음평(陰平)이나 양평(陽平)이나 상성(上聲)이나 거성(去聲) 글자들로 바뀌어져 있습니다. 예를 들어, 원래 입성(入聲)인 黑(흑)·國(국)·角(각)·祝(축) 이런 글자들이 현대표준중국어[普通話]에 와서는 음평(陰平)으로 읽히는 경우(黑 hēi), 양평(陽平)으로 읽히는 경우(國 guó), 상성(上聲)으로 읽히는 경우(角 jiǎo), 거성(去聲)으로 읽히는 경우(祝 zhù) 등 다양하게 나타납니다. 발음의 변화를 확인할 수 있습니다. 먼저 운모(韻母) 측면에서 보면, 색음운미(塞音韻尾)가 떨어져 나갔습니다. 색음(塞音)은 소리가 밖으로 퍼져 나오지 못하고 입안에서 틀어막히는[塞] 발음입니다. 숨이 막히는 듯한 불편함으로 인하여, 색음(塞音)을 점

점 약하게 발음하고 느슨하게 늘어뜨리는 발음으로 변화하면서, 색음운미(塞音韻尾)가 약화되어 떨어져 나간 것으로 추정할 수 있습니다. 운미(韻尾)가 약화되어 없어진 것이므로, 운미(韻尾)가 소실되었다고 표현합니다. 그 결과, 입성(入聲)이 나머지 평(平)·상(上)·거(去) 3개 성조(聲調)로 뿔뿔이 흩어져 들어갔기 때문에 입파삼성(入派三聲)이라고 표현합니다.

정리해 보겠습니다. 첫째는 평분음양(平分陰陽) 현상으로 평성(平聲)이 음평(陰平)과 양평(陽平)으로 나뉘는 것입니다. 분화 조건은 무엇입니까? 청음성모(淸音聲母)를 가진 평성자(平聲字)는 음평(陰平)으로 변하고, 전탁성모(全濁聲母)를 가진 평성자(平聲字)는 양평(陽平)으로 변하는 것입니다. 둘째는 탁상변거(濁上變去) 현상으로 상성(上聲)은 대부분 그대로 상성(上聲)으로 발음하는 반면 일부 글자들은 거성(去聲)으로 조류(調類) 자체가 바뀐 현상입니다. 분화 조건은 무엇입니까? 전탁성모(全濁聲母)를 가진 상성자(上聲字)들이 거성(去聲)으로 바뀌었습니다. 거성(去聲) 같은 경우는 일부 예외적인 현상을 제외하고는 대부분 그대로 다 거성(去聲)으로 유지됩니다. 셋째는 입파삼성(入派三聲) 현상입니다. 현대표준중국어[普通話]에서는 입성(入聲)의 존재가 없어졌습니다. 다시 말하면,

운모(韻母)의 구조 측면에서 본다면 색음운미(塞音韻尾)가 탈락, 소실된 것입니다. 그런데 조류(調類) 측면에서 본다면 입성(入聲)은 북방방언(北方方言), 즉 현대표준중국어[普通話]에서는 없어졌습니다. 글자들이 모두 없어진 것이 아니고, 입성(入聲)이던 글자들이 평성(平聲)·상성(上聲)·거성(去聲)으로 조류(調類)가 바뀐 것입니다. 즉 입성(入聲)이 나머지 삼성(三聲)으로 변했다는 의미로 입파삼성(入派三聲) 혹은 입변삼성(入變三聲)이라고 표현합니다.

제5장

마무리

마지막 총정리 및 성운학(聲韻學)의 효용에 대해서 살펴보도록 하겠습니다.

5.1. 기본 개념 총정리

한자(漢字)는 형(形)·음(音)·의(義)로 나누어 살펴볼 수 있습니다. 이제 이 구조는 우리 모두가 잘 알고 있는 익숙한 내용입니다. 우리가 성운학(聲韻學)에서 주로 다루고 있는 한자(漢字)의 발음인 자음(字音)의 음절(音節) 구성은 성모(聲母)·운모(韻母)·성조(聲調) 3요소로 이루어져 있습니다. 성모(聲母)는 'Initial'로 나타냅니다. 운모(韻母)는 세 가지 구성요소로 나눌 수 있습니다. 개음(介音)·주요모음(主要母音)·운미(韻尾)를 운모(韻母) 구성의 3요소라고 합니다. 그리고 각각 운두(韻頭)·운복(韻腹)·운미(韻尾)라고도 합니다. 성모(聲母)와 운모(韻母) 이외에 성조(聲調)는 고대와 현대, 그리고 표준어와 방언(方言) 간의 차이에서 주로 성조(聲調)의 분류 항목, 즉 조류(調類)를 중심으로 살펴보았습니다.

위진남북조(魏晉南北朝) 이전 시기의 고대 중국인들처럼, 하나의 글자를 하나의 발음 덩이로 인식하지 말고 이제는 글자의 발음을 쪼개어 보는 연습이 필요합니다. 쪼개어 본다는 것은 다름 아니라 나눌 분(分) 쪼갤 석(析), 즉 분석한다는 것입니다. 발음을 분석해야만 발음의 변화와 차이, 바로 즉 통시적(通時的)인 변화나 공시적(共時的)인 차이를 논할 때 이 글자와 저 글자의 발음이 어떻게 다른지, 이 글자의 발음이 저 글자로 어떻게 바뀌었는지, 이 지역과 저 지역에서 이 글자의 발음이 서로 어떤 차이가 있는지 등에 대해서 살펴볼 수 있습니다. 좀 더 구체적으로는 발음의 변화와 차이라는 것이 어떻게 다른지, 어느 부분이 다른지, 즉 성모(聲母) 부분이 다른지 운모(韻母) 부분이 다른지 성조(聲調) 부분이 다른지, 또한 성조(聲調)의 조류(調類)가 바뀐 것인지, 운모(韻母)가 다르다면 운두(韻頭)의 차이인지 주요모음(主要母音)의 차이인지 운미(韻尾)의 차이인지 등등 세부적이고 구체적인 사항에 대해서 파악할 수 있어야 합니다. 이를 위해서는 분석해 보는 연습이 필요합니다. 이제부터 글자의 발음을 계속 쪼개어 보시기 바랍니다.

발음을 논할 때 우리는 자음(子音)과 모음(母音)이라는 용어에 익숙합니다. 그런데 중국 언어학계에서는 원음(元音)과 보음(輔音)이라는 용어를 더 선호합니다. 원음(元音)과 보음(輔音), 즉 모음(母音)과 자음(子音)은 음성학(音聲學)에서 음소(音素)적으로 접근할 때 사용하는 용어인 반면, 성운학(聲韻學)에서 흔히 사용하는 성모

(聲母)와 운모(韻母)라는 개념은 음소(音素)의 결합 구조이기는 하지만 자음(子音) 및 모음(母音)과 동일한 개념으로 볼 수는 없습니다. 운모(韻母)의 경우는 내부에 자음(子音)이 포함되는 경우도 있고, 성모(聲母)의 경우는 모든 자음(子音)이 다 성모(聲母)로 사용될 수 있는 것도 아니기 때문입니다.

반절(反切)은 반절상자(反切上字)와 반절하자(反切下字)로 구성되는데, 한자(漢字)의 발음을 나타내고자 하는 방법 중에서 한어병음자모(漢語拼音字母)나 주음부호(注音符號) 등 현대적인 발음 표기법이 고안되기 이전에 역대로 가장 오랜 기간 동안 널리 사용되었고, 지금도 한자(漢字) 관련 사전(辭典)에서 보조적으로 사용되기도 하는 대표적인 발음 표기법이라 할 수 있습니다. 반절(反切)로 발음이 표기되는 대상 글자인 피절자(被切字)와 반절상자(反切上字)의 관계는 성모(聲母)가 동일한 쌍성(雙聲)의 관계이고, 피절자(被切字)와 반절하자(反切下字)의 관계는 운(韻)이 동일한 첩운(疊韻)의 관계입니다. 운(韻)과 운모(韻母)는 서로 다른 개념이라고 강조했습니다. 운(韻)은 운모(韻母)와 달리 성조(聲調)가 포함된 개념입니다. 기본적으로 성조(聲調)가 분류 기준이 되고, 운모(韻母) 부분에서 주요모음(主要母音)과 운미(韻尾), 즉 운모(韻母)의 뒷부분이라고 하지만 사실은 운모(韻母)의 대부분이라고 할 수 있는 부분과 성조(聲調)를 합쳐서 '운(韻)'이라고 했습니다. 근체시(近體詩)와 같은 전통적인 한시를 지을 때, 운(韻)이 같아야만 동일한 압운자(押韻字)로 사용할 수 있습니다.

5.2. 성모(聲母) 총정리

현대표준중국어[普通話] 성모(聲母)의 분류와 특징을 확인하겠습니다. 먼저 발음부위(發音部位)에 따라 쌍순음(雙脣音)·순치음(脣齒音)·설첨(舌尖) 전(前)/중(中)/후음(後音)·설면음(舌面音)·설근음(舌根音) 등으로 나눌 수 있었습니다. 그다음으로 탁음(濁音)과 청음(淸音)을 살펴보면, 탁음(濁音) 즉 유성음(有聲音)은 현대표준중국어[普通話]에서 m, n, l, r 네 개밖에 없습니다. 하지만 중고중국어[中古漢語] 시기의 36자모(字母) 성모(聲母) 체계를 보면, 전탁(全濁) 성모(聲母)가 청음(淸音) 성모(聲母)와 체계적으로 대응 관계를 이루고 있었음을 확인할 수 있었습니다.

발음방법(發音方法)에 따른 대표적인 분류는 색음(塞音)·색찰음(塞擦音)·찰음(擦音)입니다. 찰음(擦音)은 마찰음(摩擦音)이고, 색음(塞音)은 완전히 막았다가 터뜨리는 파열음(破裂音), 색찰음(塞擦

音)은 색음(塞音)으로 준비했다가 찰음(擦音)을 유지시키는 구조였습니다. 덧붙여 모두 불송기(不送氣)와 송기(送氣), 즉 무기음(無氣音)과 유기음(有氣音)의 대립 관계를 이루고 있었습니다. 색음(塞音)에는 b-p, d-t, g-k 세 쌍이 있습니다. 한어병음자모(漢語拼音字母)로는 b-p, d-t, g-k로 표기하고, 국제음성기호(國際音聲記號)로는 [p]-[pʻ], [t]-[tʻ], [k]-[kʻ]로 각각 불송기(不送氣)와 송기(送氣)의 쌍을 이룹니다. 이 세 쌍은 파열음(破裂音)이라는 명칭이 더 적절해 보입니다. 음절(音節)의 첫 부분에 위치한 성모(聲母) 입장에서는, 폭발하듯 파열되어 열리면서 발음되기 때문입니다. 이 요소들이 운미(韻尾) 자리에 사용되면 색음(塞音)이라는 명칭으로, 틀어막는 발음방법(發音方法)을 쉽게 떠올릴 수 있습니다. 그래서 입성(入聲)을 흔히 색음운미(塞音韻尾)로 정의하며 -p·-t·-k로 표시합니다. p, t, k는 성모(聲母) 입장에서 보면 국제음성기호(國際音聲記號)로 불송기(不送氣)에 해당하지만, 운미(韻尾) 위치에서는 불송기(不送氣)와 송기(送氣)의 구분이 없습니다. 색찰음(塞擦音)도 불송기(不送氣)와 송기(送氣)의 대립으로 이루어져 있습니다. 현대표준중국어[普通話]의 성모(聲母) 체계에서 유의할 사항을 살펴보았습니다.

　「조매시(早梅詩)」나 「36자모(字母)」는 고대에 발음 기호로 사용할 수 있는 알파벳이나 주음부호(注音符號) 등이 없었기 때문에 각 성모(聲母)를 대표하는 한자(漢字)를 사용하여 나타냈습니다. 당말송초(唐末宋初)의 성모(聲母) 체계를 반영하므로 중고중국어[中古漢語] 시기에 해당하는 「36자모(字母)」는, 그 이전에 수온(守溫)이라는 승려가 지었다고 전해지는 「36자모(字母)」를 바탕으로 후에 성모(聲母)의 발음 변화를 반영하여 「36자모(字母)」가 된 것입니다. 근대중국어[近代漢語]의 성모(聲母) 체계를 반영하는 「조매시(早梅詩)」는 20자로 오언절구(五言絶句)를 이루었습니다. 「조매시(早梅詩)」의 특징은 36자모(字母)에서 체계적으로 청음(淸音) 성모(聲母)와 대립 관계를 보이던 전탁(全濁) 성모(聲母)가 모두 사라졌다는 점입니다. 다시 말하면, 전탁(全濁) 성모(聲母)가 청음(淸音) 성모(聲母)로 모두 바뀌었다는 사실을 확인할 수 있습니다. 도표를 통해서 확인했었는데, 36자모(字母)의 발음부위(發音部位)와 발음방법(發音方法)을 살펴보면, 동일한 발음부위(發音部位)별로 모두 청음(淸音)과 탁음(濁音)의 대립 구조가 이루어져 있습니다. 차탁(次濁)은 탁음(濁音)의 한 부류이지만, 음운변화(音韻變化) 과정에서 탁음(濁音)이 영향을 미치는 관계를 논할 때는 전탁(全濁) 성모(聲母)만을 대상으로 합니다. 왜냐하면 차탁(次濁) 계열은 청음(淸音)으로 변화하지 않고, 현재에도 여전히 탁음(濁音)의 특성을 유지하고 있는 것처럼, 음운변화(音韻變化) 과정에서 전탁(全濁) 성모

한자와 성운학

(聲母)와는 다른 경로를 거치게 됩니다.

전탁(全濁) 계열의 성모(聲母)가 청음(淸音) 성모(聲母)로 바뀌었기 때문에 현대표준중국어[普通話]의 성모(聲母) 체계에 더 가까워졌지만, 현대표준중국어[普通話]의 성모(聲母) 체계와 가장 큰 차이를 느끼는 부분은 구개음화(口蓋音化) 현상으로 나타난 j, q, x 계열이 아직 형성되지 않았다는 점입니다. 왜냐하면 현대표준중국어[普通話]로 발음했을 때 발음이 중복되는 현상이 나타나기 때문입니다. 예를 들어, '向'과 '雪'을 현대표준중국어[普通話]로 발음하면 xiàng과 xué로 x[ɕ]라는 동일한 성모(聲母)로 읽힙니다. 그런데 「조매시(早梅詩)」에서는 이 두 글자를 별도의 성모(聲母)로 표시하고 있는 것입니다. 20자로 그 당시 근대중국어[近代漢語] 시기의 성모(聲母)를 나타내면서 동일한 성모(聲母)를 두 개나 포함시킬 이유가 없지 않습니까? 그 뿌리를 중고중국어[中古漢語]에서 확인해 보면 向은 h- 계열이고 雪은 s- 계열이므로 「조매시(早梅詩)」에서의 성모(聲母) 대표자 선정 상황을 통해 현대표준중국어[普通話]의 j, q, x 계열이 형성되기 전이라는 사실을 이해할 수 있습니다.

특히 강조하고 싶은 점은 우리가 한자어(漢字語)를 파악하고 있기 때문에 성운학(聲韻學) 학습에 있어서는 현대표준중국어[普通

話]만을 학습한 중국 학생들보다 오히려 더 상당한 이점을 가지고 있다는 사실입니다. 위에서 언급한 向자와 雪자의 중고중국어[中古漢語] 발음을 추정해 보는 음운(音韻) 관계뿐만 아니라 입성(入聲) 운미(韻尾) 등 변화의 어감을 훨씬 더 빨리 파악할 수 있습니다. 그래서 한국 한자어(漢字語)에 대한 학습 기회를 좀 더 늘리면 좋겠다고 생각합니다.

「조매시(早梅詩)」를 통해 근대중국어[近代漢語]의 성모(聲母) 체계 변화 양상을 확인할 수 있습니다. 대표적으로 전탁(全濁) 성모(聲母)가 청음(清音) 성모(聲母)로 바뀐 탁음청화(濁音清化) 현상을 반영하고 있습니다. 하지만 구개음화(口蓋音化)의 결과로 나타나는 설면음(舌面音)은 아직 형성되지 않았던 것으로 확인됩니다. 한편, 영성모(零聲母)가 근대중국어[近代漢語] 시기에 대폭 늘어납니다. 「36자모(字母)」 시기의 비영성모(非零聲母) 계열들이 영성모(零聲母)로 대폭 변화합니다. 36자모(字母) 시기에 있었던 비영성모(非零聲母) 계열들이 영성모(零聲母)로 대폭 확장됩니다. 「조매시(早梅詩)」를 분석해 보면 현대표준중국어[普通話]에서 동일한 영성모(零聲母)로 사용되고 있는 음절(音節)들이 과거에 서로 다른 성모(聲母)에서 변천되어 왔음을 알 수 있습니다.

5.3. 운모(韻母) 총정리

다음은 운모(韻母) 부분입니다. 운모(韻母) 구성의 3요소는 두(頭)·복(腹)·미(尾), 즉 운두(韻頭)·운복(韻腹)·운미(韻尾), 다시 말하면 개음(介音)·주요모음(主要母音)·수음(收音)으로 명명할 수 있습니다. 주요모음(主要母音)의 결정 순위는 향도(響度), 즉 개구도(開口度)에 따라 결정됩니다. 향도(響度)는 '울림의 정도'라는 뜻인데, 구강(口腔) 내부에서 울림이 형성될 수 있는 공간이 클수록 향도(響度)가 크다고 합니다. 구강(口腔) 내부의 공간이 크다는 말은, 입천장과 혓바닥 사이의 공간이 크다는 말입니다. 입을 크게 벌릴수록 입천장과 혓바닥 사이의 공간이 커집니다. 입을 벌리는 정도를 개구도(開口度)라고 합니다. 개구도(開口度)가 클수록 향도(響度)가 커지는 것입니다. 그리고 운모(韻母)에서 모음(母音)이 하나만 있는 경우에는 당연히 그 모음(母音)이 주요모음(主要母音)이 되겠지만, 모음(母音)이 둘 이상 섞여 있는 운모(韻母)에서는 주요모음(主要母音)을 선정해야 합니다. 모음(母音)이 둘이나 셋인 경우에는 향도(響度)가 큰 모음(母音)이 주요모음(主要母音)이고, 나머지 모음(母音) 중에서 주요모음(主要母音) 앞에 위치하는 경우에는 개음(介音)이 되고, 주요모음(主要母音) 뒤에 위치하는 모음(母音)은 운미

(韻尾)로 분석합니다. 한어병음자모(漢語拼音字母)에서 성조(聲調) 표시는 주요모음(主要母音)에 표기해야 합니다. 예외적인 현상으로, iu와 ui의 경우에는 뒤에 있는 u와 i에 성조(聲調)를 표기하는데, 이는 한어병음(漢語拼音) 표기에서 불가피한 약속일 뿐입니다. 사실은 iu나 ui 모두 두 모음(母音)의 사이에 주요모음(主要母音)이 숨겨져 있는 형식입니다. iu라는 운모(韻母)에서는 ə 혹은 o가 주요모음(主要母音)인데 한어병음자모(漢語拼音字母)의 표기 약속에서 숨겨져 있을 뿐입니다. 운모(韻母) ui에서 숨겨진 주요모음(主要母音)은 e입니다. 원래는 이러한 주요모음(主要母音)에 성조(聲調) 부호를 표기해야 하지만, 주요모음(主要母音)이 숨겨진 형식이므로 운모(韻母)의 발음이 완성되는 위치의 뒤쪽 모음(母音)에 성조(聲調) 부호를 표기하는 것입니다. 즉, 운모(韻母) iu에서는 u에, ui에서는 i에 성조(聲調) 부호를 표기합니다.

다음은 운모(韻母)의 결합과 분포 문제입니다. 개구호(開口呼)·제치호(齊齒呼)·합구호(合口呼)·촬구호(撮口呼)는 운모(韻母)를 발음할 때 입술 모양에 따른 분류라고 기억하면 됩니다. 운모(韻母)를 구성하는 음소(音素)의 구조적인 면에서 제치호(齊齒呼)는 운두(韻頭) 혹은 운복(韻腹)에 i가 포함된 경우이고, 합구호(合口呼)는 운두(韻頭) 혹은 운복(韻腹)에 u가 포함된 경우이며, 촬구호(撮口呼)

는 운두(韻頭) 혹은 운복(韻腹)에 ü가 포함된 경우입니다. 개구호(開口呼)는 운두(韻頭) 혹은 운복(韻腹)에 i, u, ü가 포함되지 않은 경우를 가리킵니다. 운두(韻頭) 혹은 운복(韻腹)이 i, u, ü 중 무엇이냐에 따라서 입술 모양이 달라지므로 운모(韻母) 분류 또한 달라지게 된 것입니다. 고대중국어[古代漢語]의 운모(韻母)는 크게 개구(開口)와 합구(合口)로 분류됩니다. 쉽게 생각하면, 개구(開口)는 입술을 옆으로 벌린 모양으로 발음하는 것이고, 합구(合口)는 입술을 동그랗게 오므려서 발음하는 것입니다. 모음사각도(母音四角圖)에서 살펴본 전순(展脣)과 원순(圓脣)의 분류와 상통하는 개념입니다. 개구(開口)는 전순(展脣), 즉 평순(平脣)과 같은 개념으로 자연스러운 상태에서 입을 벌려 발음하는 형식을 의미하고, 합구(合口)는 입술을 동그랗게 오므리는 형태의 원순(圓脣)에 초점을 둔 용어로 이해하면 되겠습니다. 그래서 개구호(開口呼), 합구호(合口呼) 양분법으로 나누었다가 개구호(開口呼)·제치호(齊齒呼)·합구호(合口呼)·촬구호(撮口呼)로 더 세분화되었습니다. 중고중국어[中古漢語]와 근대중국어[近代漢語] 시기의 운모(韻母) 구조를 추정해 볼 때 촬구호(撮口呼) ü는 현재와 같은 단모음(單母音)이 형성되기 이전에 i와 u의 결합 관계로 보기도 합니다. 그래서 개구호(開口呼)와 제치호(齊齒呼)를 한 쌍으로 본다고 합니다. 예를 들어, 개구호

(開口呼)가 a라는 주요모음(主要母音)이라면 제치호(齊齒呼)는 i라는 운두(韻頭)가 결합된 형태로 이해할 수 있습니다. 합구호(合口呼)의 특징은 원순(圓脣)입니다. 원순(圓脣)의 대표적인 모음(母音)은 u입니다. u만 있는 경우는 합구호(合口呼)이고, 합구호(合口呼)에 운두(韻頭) i가 결합하면서 i와 u의 일체화를 통해 기존의 합구호(合口呼)와는 발음상의 차이가 발생하였고, 이러한 변화 과정의 결과로 합구호(合口呼)를 세분화하여 촬구호(撮口呼)가 생성된 것으로 추정해 볼 수 있겠습니다. 고대중국어[古代漢語]에서 현대중국어[現代漢語]의 개(開)·제(齊)·합(合)·촬(撮), 즉 개구호(開口呼)·제치호(齊齒呼)·합구호(合口呼)·촬구호(撮口呼) 이 네 가지 형식으로 넘어올 때 운모(韻母)의 종류를 또다시 세분화할 수도 있습니다.

基本韻母	開口呼	齊齒呼	合口呼	撮口呼
	i(ʅ)[ʮ][ʯ]	i	u	y(ü)
單韻母	a o e[ɣ][ə] ê[e/ɛ]	ya(-ia) yo(-io) ye(-ie)	wa(-ua) wo(-uo)	 yue(-ue, -üe)
複韻母	ai ei ao ou	yai (iai) yao(-iao) you(-iu)	wai(-uai) wei(-ui)	
附聲韻母 (鼻音韻母)	an en ang eng	yan(-ian) yin(-in) yang(-iang) ying(-ing)	wan(-uan) wen(-un) wang(-uang) weng(-ong) [ung]	yuan(-üan, -uan) yun(-ün, -un) yong(-iong) [üng]
捲舌韻母	er	結合韻母		

옆으로는 단운모(單韻母) 부류를 나열했습니다. 두 개 이상의 모음(母音)으로 구성된 복운모(複韻母)와 운미(韻尾)가 자음(子音)인 부성운모(附聲韻母)입니다. 다음은 권설운모(捲舌韻母)입니다. 권설운모(捲舌韻母) er는 비록 한어병음(漢語拼音)에서 알파벳 두 글자를 사용한 er로 표기되지만, 실질적인 음가(音價)는 개구호(開口呼) ə를 발음하면서 동시에 혀끝을 올리며 발음하는 단운모(單韻母)입니다. zi·ci·si의 -i와 zhi·chi·shi·ri의 -i는 각각 성모(聲母)의 발음부위(發音部位)와 동일한 명칭으로 설첨전원음(舌尖前元音)과 설첨후원음(舌尖後元音)이라고 지칭했습니다.

운모(韻母)를 분류할 때 운미(韻尾)에 따라서도 분류할 수가 있습니다. 즉, 음(陰)·양(陽)·입(入), 음성운(陰聲韻)·양성운(陽聲韻)·입성운(入聲韻)으로 분류할 수 있다는 뜻입니다. 음성운(陰聲韻)은 모음(母音)으로만 구성된 운모(韻母)로서 운미(韻尾)가 없든지, 있더라도 운미(韻尾)가 모음(母音)인 경우를 가리키고, 양성운(陽聲韻)은 비음운미(鼻音韻尾)가 사용된 운모(韻母)를 가리킵니다. 입성운(入聲韻)은 색음운미(塞音韻尾)가 사용된 운모(韻母)를 가리킵니다. 이처럼 색음운미(塞音韻尾)로 구성된 글자를, 운모(韻母) 분류에서는 '입성운(入聲韻)'으로 지칭하고, 성조(聲調) 분류에서는 '입성(入聲)'이라고 합니다. 다시 살펴보면, 음성운(陰聲韻)은 원음(元音)으로만 구성되어 운미(韻尾)가 없든지, 운미(韻尾)가 i이든지, 운미(韻尾)가 u이든지 여하튼 모음(母音)으로만 구성되는 운모(韻母)입니다. 양성운(陽聲韻)은 -m, -n, -ng 운미(韻尾)로 구성되는 운모(韻母)입니다. 중요한 점은 쌍순(雙脣) 비음(鼻音) -m이 운미(韻尾)로 사용되던 운모(韻母)들이 근대중국어[近代漢語] 이후 현대표준중국어[普通話]에 이르러서 -n 운미(韻尾)로 합쳐졌다는 사실입니다. 현대표준중국어[普通話]에서 親·侵과 言·嚴처럼 -n 운미(韻尾)의 동음자(同音字)일지라도, -n 운미(韻尾)와 -m 운미(韻尾)가 구분되는 현대 남방방언(南方方言)이라든지 중고중국어[中古漢語] 시기에는 각각 서로 다른 발음으로 분류되는 글자입니다. 근대중국어[近代漢語]를 대표하는 『중원음운(中原音韻)』에서도 -m 운미(韻尾)와 -n 운미(韻尾)를 따로 분류해 놓았습니다. 그 당시에도 -n 운미(韻尾)와 -m 운미(韻尾)의 발음이 합쳐지지 않았다는 증거입니다. 그래서 『중원음운(中原音韻)』 이후 명(明)나라 중·후엽에 이르러서야 이러한 -m 운미(韻尾)와 -n 운미(韻尾)의 합류 현상들을 확인할 수 있었습니다.

입성운(入聲韻)은 색음(塞音) -p, -t, -k를 운미(韻尾)로 가지는 운모(韻母)입니다. 우리 한자음(漢字音)으로 확인해 보겠습니다. 예를 들어, 褶(습)·合(합)·力(력)·黑(흑)은 받침이 비읍 혹은 기역입니다.

종성(終聲)을 비읍으로 발음하든 기역으로 발음하든 우리 한자음 (漢字音)에서는 발음이 틀어막혀서 여운을 끌며 발음을 유지할 수 없습니다. 만약 그런 받침이 없다면 숨이 차지 않는 한 발음을 유지할 수 있을 텐데, 종성(終聲)으로 비읍이나 기역을 발음하는 순간 호흡이 틀어막혀서 발음은 바로 끝나 버립니다. 색음운미(塞音 韻尾)가 됩니다. 그래서 이것이 바로 입성(入聲)의 특징이 되는 것입니다. 중국어에서 또 하나의 입성(入聲) 운미(韻尾)는 고대중국어[古代漢語]든 현대중국어[現代漢語]의 방언(方言)에서든 -t 운미(韻尾)로 추정합니다. 운미(韻尾)가 -t인 운모(韻母)는 국어의 시옷 받침(-ㅅ), 디귿 받침(-ㄷ), 지읒 받침(-ㅈ), 치읓 받침(-ㅊ) 등에 해당한다고 합니다. 하지만 우리 한자음(漢字音)에서는 이 계열들이 모두 리을 받침(-ㄹ)으로 바뀌었습니다. 다시 말하면, -ㄷ·-ㅅ·-ㅈ·-ㅊ이 종성(終聲)으로 사용된 한국한자음(韓國漢字音)은 없습니다. 우리 순수 국어에는 있어도 한자(漢字) 표기에는 없습니다. 이러한 발음에 해당하는 대표 음가(音價)를 -t 정도로 잡을 수가 있는데, 우리 한자어(漢字語)에서는 모두 -ㄹ로 바뀌었습니다. -ㄹ로 바뀌고 나니 우리 한자음(漢字音)에서 이 계열은 입성(入聲)의 특징이 사라지게 됩니다. 입성(入聲)의 특징은 발음을 길게 끌 수 없고 급하게 닫히는 것인데, 리을(-ㄹ)이 종성(終聲)으로 사용된 雪(설), 必

(필) 등은 호흡이 남아 있다면 계속 발음을 유지할 수 있습니다. 리을(ㄹ) 자체가 유성음(有聲音)이기 때문에 성대(聲帶)가 계속 울릴 수 있습니다. 그래서 우리 한자음(漢字音)에서 이 계열은 입성(入聲)의 특징이 사라졌습니다. 국어학계(國語學界)에서는 이 한자(漢字)들이 어떻게, 왜 리을 받침(-ㄹ)으로 바뀌었을까에 대해서 계속 연구하고 있습니다. 언제부터 발음이 이렇게 바뀌었을까? 왜 이런 특징으로 변화가 생겼을까? 왜 중국어의 발음과 이렇게 괴리가 커졌을까? 다른 입성(入聲)의 경우는 그 흔적을 우리 한자음(漢字音) 그대로 확인할 수 있는 반면, 이 계열은 입성(入聲)의 특징이 사라졌기 때문에 언제부터 이런 식으로 발음이 바뀌었는지 학자들 간에 견해가 분분한 상황입니다.

양성운(陽聲韻)과 입성운(入聲韻), 즉 비음(鼻音)이 운미(韻尾)로 사용된 양성운(陽聲韻)과 색음(塞音)이 운미(韻尾)로 사용된 입성운(入聲韻)이 각각 발음부위(發音部位)별로 연결되고 있습니다. 고대중국어[古代漢語]에서 운서(韻書)에는 음성운(陰聲韻) 계열의 운(韻)도 있고, 양성운(陽聲韻) 계열의 운(韻)도 있으며, 입성운(入聲韻) 계열의 운(韻)도 있습니다. 그런데 『광운(廣韻)』을 예로 들면, 입성(入聲)이 존재하던 중고중국어[中古漢語] 시기에는 이 입성운(入聲韻)에 해당하는 요소들을 양성운(陽聲韻)과 서로 결합시켜 배열하고 있습니다. 입성(入聲)이 양성(陽聲)과 쌍을 이루는 것입니다. 성조(聲調)로 보면, 음성운(陰聲韻)과 양성운(陽聲韻)은 평성(平聲)·상성(上聲)·거성(去聲) 세 종류의 성조(聲調)만 존재했고, 입성운(入聲韻)은 -p·-t·-k라는 운미(韻尾)가 있어 입성(入聲)이라는 성조(聲調)로 분류됩니다. 양성운(陽聲韻)과 입성운(入聲韻)의 주요모음(主要母音)이 같으면, 쌍순음(雙脣音) 운미(韻尾)를 가지는 -m과 -p, 설첨중음(舌尖中音) 운미(韻尾)의 -n과 -t, 설근음(舌根音) 운미(韻尾)의 -ng과 -k와 같이 각각 발음부위(發音部位)별로 양성운(陽聲韻)과 입성운(入聲韻)을 대응시켰다는 것입니다.

		陽聲韻		入聲韻
雙脣音	—————	-m	————	-p
舌尖中音	—————	-n	————	-t
舌根音	—————	-ng	————	-k

이처럼 중고중국어[中古漢語] 시기까지는 입성(入聲)이 존재했기 때문에 양성운(陽聲韻)과 입성운(入聲韻)의 관계가 밀접했는데, 근대중국어[近代漢語] 시기 북방 지역의 발음을 반영하는 『중원음운(中原音韻)』에서는 입성(入聲)과 양성운(陽聲韻)의 대응 관계에 큰 변화가 발생합니다. 입성(入聲)의 색음(塞音) 운미(韻尾)가 떨어져 나가게 되어 입성운(入聲韻)이 음성운(陰聲韻)으로 변화했습니

다. 입성운(入聲韻)에서 음성운(陰聲韻)으로의 변화는 운모(韻母) 측면의 분석입니다. 동일한 현상을 성조(聲調) 측면에서는 입파삼성(入派三聲)이라고 합니다. 즉, 입성(入聲)이 나머지 평성(平聲)·상성(上聲)·거성(去聲)으로 발음이 바뀌었다는 의미입니다. 중고중국어[中古漢語] 시기에는 입성(入聲)에 해당하는 글자들이 평성(平聲)·상성(上聲)·거성(去聲) 중의 양성운(陽聲韻)에 대응하는 관계로 나타났지만, 『중원음운(中原音韻)』에서는 양성운(陽聲韻)이 아닌 음성운(陰聲韻)에 포함시켜 놓았습니다. 왜냐하면 색음운미(塞音韻尾)가 떨어져 나간 후 음색이 음성운(陰聲韻)과 유사해졌기 때문입니다. 이런 현상을 『중원음운(中原音韻)』의 글자 배열에서도 확인할 수 있습니다. 반대로 중고중국어[中古漢語] 시기에는 양성운(陽聲韻)과 입성운(入聲韻)의 관계가 밀접해 이 둘을 대응시켜 놓고 있습니다. 음성운(陰聲韻)은 비음(鼻音)이나 색음(塞音) 운미(韻尾)가 있는 부성운모(附聲韻母)가 아니므로 별도로 분류해 놓고 있습니다.

운미(韻尾)의 통시적(通時的) 변화 과정을 반영하는 문헌상의 기록으로, 아래에 소개하는 당(唐)나라 때의 시(詩) 한 수를 주목할 필요가 있습니다. 작품성이 높이 평가되거나 유명한 시(詩)는 아니지만 언어학 연구 측면에서는 매우 중요한 정보를 제공해 주는 자료입니다.

呼十却爲石, 喚針將作眞.
忽然雲雨至, 總道是天因.

이 시(詩)에서 확인하고자 하는 사항을 정리하면 아래 그림과
같습니다.

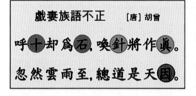

기구(起句)와 승구(承句)의 첫 글자인 呼와 喚은 '부르다'라는 의
미에서 '발음한다'라는 뜻으로 이해하면 되겠습니다. 기구(起句)에
서는 처갓집 식구들이 '十'자를 '石'자처럼 발음해서 호증(胡曾)은
'바르지 않다', 즉 '不正'이라고 했습니다. 승구(承句)에서는 '針'자
를 '眞'자로 발음하니까, 이 역시 호증(胡曾)은 '不正'이라고 생각
했습니다. 전구(轉句)와 결구(結句)의 내용은, 갑자기 비구름이 몰

려오면 '天陰[하늘이 흐리다]'이라고 해야 하는데 처갓집 식구들은 '天因'이라고 하니, 이 또한 호증(胡曾) 입장에서는 '不正'이었던 것입니다. 호증(胡曾)은 자신의 기준으로 엄연히 다른 발음의 '十'자와 '石'자를, 그리고 '針'자와 '眞'자, '陰'자와 '因'자를 처갓집 식구들은 각각 똑같이 발음하니, '바르지 않다'라고 느꼈던 모양입니다. 그런데 '十 - 石', '針 - 眞', '陰 - 因'은 현대표준중국어[普通話]에서도 각각 동일한 발음입니다. 당(唐)나라 시기의 정확한 발음을 알 수는 없지만, 그리고 호증(胡曾)의 처갓집이 어느 지역인지에 대해서도 구체적으로 확인할 수는 없지만, 당(唐)나라 말기의 특정 지역에서 -p 운미(韻尾)의 '十'자와 -k 운미(韻尾)의 '石'자를 동일하게 발음하였고, -m 운미(韻尾)의 '針'과 -n 운미(韻尾)의 '眞', -m 운미(韻尾)의 '陰'과 -n 운미(韻尾)의 '因'을 각각 같은 글자처럼 발음하였다는 사실을 확인할 수 있습니다. 당(唐)나라 말기라면 중고중국어[中古漢語] 시기입니다. 중고중국어[中古漢語] 시기의 자료 중에서 이처럼 대대적으로 운미(韻尾)의 통합 현상을 반영하고 있는 자료는 없었습니다. -p 운미(韻尾)와 -k 운미(韻尾), 그리고 -m 운미(韻尾)와 -n 운미(韻尾)의 명확한 구분이 중고중국어[中古漢語]의 일반적인 양상입니다. 후에 색음운미(塞音韻尾)의 통합과 탈락 현상을 통해서 입파삼성(入派三聲)의 음운변화(音韻

變化) 현상이 발생하였고, 양성운(陽聲韻)에서 -m 운미(韻尾)가 -n 운미(韻尾)로 변화한 현상도 근대중국어[近代漢語] 이후의 상황입니다. 심지어 입파삼성(入派三聲) 현상이 반영된 『중원음운(中原音韻)』에서도 -m 운미(韻尾)와 -n 운미(韻尾)는 여전히 구분하고 있었습니다. 그런데 호증(胡曾)이 예로 든 것처럼, 당(唐)나라 말기의 특정 지역에서는 이미 색음운미(塞音韻尾)와 비음운미(鼻音韻尾)의 변화가 발생했던 것으로 추정할 수 있습니다. 호증(胡曾)의 시가 운서(韻書)처럼 명확하게 발음 현상을 반영하는 자료는 아니지만, 근대중국어[近代漢語] 이후의 발음 변화 현상으로만 알고 있었던 사항들이 중고중국어[中古漢語] 시기에도 특정 지역에서는 이미 변화의 흐름이 있었던 것으로 확인할 수 있는 사례입니다.

5.4. 성조(聲調) 총정리

현대표준중국어[普通話] 성조(聲調)는 陰平(5-5)·陽平(3-5)·上聲(2-1-4)·去聲(5-1)의 4성(聲) 체계로서, 각각 고(高)·승(昇)·저(低)·강(降)으로 대응시켜 확인해 볼 수 있습니다. 그다음으로 조류(調類), 즉 성조(聲調)의 종류에 변화가 발생한 것은 고대중국어[古代

漢語]에서 현대표준중국어[普通話]에 이르는 음운변화(音韻變化)의 결과입니다. 대표적인 사항으로 평분음양(平分陰陽)·탁상변거(濁上變去)·입파삼성(入派三聲) 등이 있었습니다. 조류(調類)의 변화 양상을 논할 때 중요한 사항은, 현대중국어[現代漢語]의 어느 방언(方言)에서나 성조(聲調)의 분류는 동일한 음운변화(音韻變化) 규칙이 적용된다는 것입니다. 평성(平聲)·상성(上聲)·거성(去聲)·입성(入聲) 네 가지 조류(調類)의 기본적인 틀에서, 각각 음(陰)과 양(陽)으로 구분되는 경우에 음평(陰平)·양평(陽平)·음상(陰上)·양상(陽上)·음거(陰去)·양거(陽去)·음입(陰入)·양입(陽入) 등으로 분류할 수 있습니다. 성조(聲調)의 음가(音價), 즉 실제적인 음높이를 조치(調値)라고 합니다. 이는 지역마다, 시기마다 다를 수가 있습니다. 성조(聲調)의 분류, 즉 음평(陰平)·양평(陽平)·상성(上聲)·거성(去聲)이라는 이 틀 안에서 성조(聲調)의 음높이만 가지고 고민해 본다면 방언(方言) 지역에 따라서 성조(聲調) 종류에 따른 음높이는 고정적인 것이 아닙니다. 한 가지 예를 들면, 현대표준중국어[普通話]와 천진방언(天津方言)의 조치(調値) 비교를 통해 이러한 사실을 확인할 수 있습니다. 현대표준중국어[普通話]의 발음 규정은 북경어(北京語)의 발음을 기준으로 삼고 있습니다. 북경(北京)과 천진(天津) 모두 북방방언(北方方言)의 대표적인 지역으로, 두 도시는 기본적으로 현대표준중국어[普通話]의 전형적인 언어 환경에 속해 있습니다. 방언(方言) 측면에서 보자면, 북경(北京)도 북경(北京)만의 방언(方言)이 있고 천진(天津)도 천진(天津)만의 고유 방언(方言)이 있습니다. 하지만 거리상 인접한 두 도시는 방언(方言)에서도 차이가 크지 않겠지만, 천진방언(天津方言)의 조치(調値)는 현대표준중국어[普通話]와 명확한 차이가 나타납니다. 아래는 현대표준중국어[普通話]와 천진방언(天津方言)의 조치(調値)를 비교한 그림입니다.[11]

	陰平	陽平	上聲	去聲
例字	媽	麻	馬	罵
北京	ma^{55}	ma^{35}	ma^{214}	ma^{51}
天津	ma^{11}	ma^{55}	ma^{24}	ma^{42}

위 그림에서 '北京'으로 표시된 부분은 현대표준중국어[普通話]를 지칭합니다. '天津'은 천진방언(天津方言)을 나타냅니다. 음평(陰平)·양평(陽平)·상성(上聲)·거성(去聲)의 네 가지 성조(聲調)로 분류하는 조류(調類)는 동일합니다. 하지만 5-5라는 음높이를 현

---

11   唐作藩(1991), 『音韻學敎程』, 北京: 北京大學出版社, p.56.

대표준중국어[普通話]에서는 음평(陰平)의 조치(調値)로 삼고 있는데, 천진방언(天津方言)에서는 양평(陽平)의 조치(調値)로 발음하고 있습니다. 거성(去聲)의 경우에는 5에서 1로 떨어지든 4에서 2로 떨어지든 유사한 음가(音價)로 간주할 수 있겠습니다. 그런데 상성(上聲)의 경우에는 천진방언(天津方言)에서 2에서 4로 상승하는 형식으로 발음되고 있어서, 3에서 5로 상승하는 현대표준중국어[普通話]의 양평(陽平) 조치(調値)와 구별하기가 쉽지 않습니다. 이처럼 성조(聲調)의 분류인 조류(調類)가 동일하다고 해서 성조(聲調)의 음높이인 조치(調値)가 반드시 일치하는 것은 아닙니다. 역으로 생각하면, 동일한 조류(調類)라고 해서 동일한 조치(調値)로 나타나는 것도 아닙니다.

통시적(通時的), 공시적(共時的)으로 조류(調類)와 조치(調値)를 비교함에 있어서 특히 주의해야 할 점은, 조류(調類)는 음운변화(音韻變化)의 규칙으로 나타난 결과라는 사실입니다. 음운변화(音韻變化) 규칙에 따라, 고대중국어[古代漢語]와 현대표준중국어[普通話]의 조류(調類)는 일정한 대응 관계가 형성됩니다. 그러므로 특정 글자의 조류(調類)는 고대, 현대, 그리고 방언(方言)의 차이를 막론하고 음운변화(音韻變化)의 적용 여부에 따라 동일한 범주의 변화 규칙이 적용됩니다. 예를 들어, 고대중국어[古代漢語]에서 입성

(入聲)으로 분류되는 '甲·末·學' 등은 입파삼성(入派三聲) 현상이 적용된 현대표준중국어[普通話]에서는 입성(入聲)이 아닌 상성(上聲)('甲')·거성(去聲)('末')·양평(陽平)('學') 등으로 조류(調類)에 변화가 발생했지만, 현대중국어[現代漢語]의 방언(方言) 중에서 입파삼성(入派三聲) 현상의 영향을 받지 않는 경우에는 고대중국어[古代漢語]와 동일하게 입성(入聲)으로 분류됩니다. 또한 고대중국어[古代漢語]에서 동일하게 평성(平聲)으로 분류되는 '東'자와 '同'자는, 평분음양(平分陰陽) 현상이 적용되는 경우에는 어느 방언(方言)에서나 '東'자는 음평(陰平)으로, '同'자는 양평(陽平)으로 분류됩니다.

음운변화(音韻變化) 규칙에서 성조(聲調)의 조류(調類) 변화는 성모(聲母)의 청탁(清濁)과 밀접한 관계가 있습니다. 먼저 성조(聲調)의 통시적(通時的)인 음운변화(音韻變化) 현상은 대표적으로 '평분음양(平分陰陽), 탁상변거(濁上變去), 입파삼성(入派三聲)' 세 가지의 규칙을 꼽을 수 있습니다. '평분음양(平分陰陽)' 현상은 평성(平聲)이 음평(陰平)과 양평(陽平)으로 나뉜 것이고, '탁상변거(濁上變去)' 현상은 상성자(上聲字) 중에서 전탁(全濁) 성모(聲母)인 글자들이 거성(去聲)으로 변화한 것이며, '입파삼성(入派三聲)' 현상은 입성(入聲) 운미(韻尾) -p·-t·-k가 떨어져 나가면서 음성운(陰聲韻)으로 변했는데, 성조(聲調)의 종류 자체도 음평(陰平)·양평(陽平)·상성(上聲)·거성(去聲)으로 각각 뿔뿔이 흩어져 들어간 것입니다. 이러한 성조(聲調)의 종류, 즉 조류(調類)의 변화 과정에서 성모(聲母)의 청탁(淸濁)이 분류의 기준이 됩니다. 예를 들어 평성(平聲)이라는 단일 조류(調類)에서 분화가 발생한 '평분음양(平分陰陽)' 현상에서, 청음(淸音) 성모(聲母)의 평성자(平聲字)는 음평(陰平)으로, 탁음(濁音) 성모(聲母)의 평성자(平聲字)는 양평(陽平)으로 분화되었습니다. 평성(平聲)만 음양(陰陽)으로 구분되는 것이 아니라, 방언(方言)에 따라서는 상성(上聲)·거성(去聲)·입성(入聲)도 각각 음상(陰上)·양상(陽上)·음거(陰去)·양거(陽去)·음입(陰入)·양입(陽入)으로 구분할 수 있습니다. 분화의 기준은 성모(聲母)가 전청(全淸) 혹은 차청(次淸)인 '청음(淸音)' 성모(聲母)인가, 아니면 전탁(全濁)인 '탁음(濁音)' 성모(聲母)인가에 따라 분화의 결과가 나누어집니다. 참고로 탁음(濁音) 성모(聲母)는 전탁(全濁)과 차탁(次濁)을 아우르는 용어이지만, 음운변화(音韻變化)의 조건에서 탁음(濁音)이라고 할 때는 전탁(全濁) 성모(聲母)만을 지칭합니다. 왜냐하면 차탁(次濁) 성모(聲母)는 전탁(全濁) 성모(聲母)와 달리 음운변화(音韻變化) 과정에서 규칙성이 나타나지 않기 때문입니다. 평성(平聲)의 분화 현상인 '평분음양(平分陰陽)'의 예를 들면, 차탁(次濁) 성모(聲母)의 평성자(平聲字)는 음평(陰平)으로 변화한 경우도 있고 양평(陽平)으로

한자와 성운학

변화한 경우도 있습니다. 전청(全淸)과 차청(次淸)의 청음(淸音) 성모(聲母) 평성자(平聲字)는 음평(陰平)으로, 전탁(全濁) 성모(聲母)의 평성자(平聲字)는 양평(陽平)으로 변화하는 규칙성을 나타내는 것과는 차이가 있습니다. 성조(聲調)의 전체적인 면을 고려하면, 청음(淸音) 성모(聲母)는 음조(陰調)와 연결되고 탁음(濁音) 성모(聲母)는 양조(陽調)와 연결됩니다.

상성(上聲)의 글자 중에서 성모(聲母)가 전탁(全濁) 성모(聲母)인 글자는 중고중국어[中古漢語] 시기에 상성(上聲)으로 분류되어 있었지만, 근대중국어[近代漢語] 이후에는 '탁상변거(濁上變去)' 현상의 결과 거성(去聲)으로 변화해서 조류(調類)가 바뀌게 되었습니다. 상성(上聲)이라는 전제하에, 성모(聲母)의 청탁(淸濁)에 따른 조건으로 탁음(濁音), 즉 전탁(全濁) 성모(聲母)인 경우에는 원래 상성(上聲)으로 분류되던 글자가 근대중국어[近代漢語] 이후에 거성(去聲)으로 소속이 바뀐 것입니다. '탁상변거(濁上變去)' 현상의 실질적인 발생 시기는 당(唐)나라 후기로 확인할 수 있습니다. 만당(晩唐) 이후에 송(宋)나라 시기를 거치면서 원대(元代)에 이르러 『중원음운(中原音韻)』과 같은 문헌 자료에도 반영되었습니다.

성조(聲調)의 변화 양상으로 설명하고 있는 '입파삼성(入派三聲)' 현상은, 사실 성조(聲調)와 운모(韻母) 두 가지 측면에서 설명되어야 하는 사항입니다. 그런데 이 용어가 설정된 기본적인 배경은 성조(聲調) 측면이 고려된 것입니다. 성조(聲調) 종류로서의 입성(入聲)이 평성(平聲)·상성(上聲)·거성(去聲), 즉 나머지 세 가지의 성조(聲調)로 파견되어 들어갔다는 의미에서 '입파삼성(入派三聲)'이라고 명명한 것입니다. 하지만 이 현상은 성조(聲調)의 종류 문제에 국한된 것이 아니고, 운모(韻母) 측면에서 -p·-t·-k 색음운미(塞音韻尾)가 소실되어 떨어져 나간 음성운화(陰聲韻化), 즉 음성운(陰聲韻)으로 변화한 현상으로도 이해할 수 있습니다. 보는 각도에 따라서 '입파삼성(入派三聲)'이라고 명명할 수도 있겠고, '음성운화(陰聲韻化)'로 볼 수도 있습니다.

5.5. 성운학(聲韻學) 총정리

중국어를 공부하는 입장에서 보면, 뉴스 자막이라든지 인터넷 자료나 신문 기사 등에서 중국의 화폐 단위를 이야기할 때 '위안화'라는 용어가 규범화된 한글 표기법으로 사용된다는 사실을 알 수 있습니다. '위안화'라는 표현이 규범 표기로 사용되는 것은, 1986년도에 문교부, 즉 현재의 교육부에서 제정한 이래로 2017

년 3월 28일에 공포되어 '문화체육관광부 고시 제2017-14호'로 시행 중인 「외래어 표기법」 중의 「중국어의 발음 부호와 한글 대조표」에 따르면, 'yuan'이라는 운모(韻母) 혹은 음절(音節)을 '위안'으로 표기하도록 규정하였기 때문입니다. 'yu'는 '위'로 표기하고 'an'은 '안'으로 표기하기 때문에 'yuan'은 '위안'으로 표기된다는 것입니다. '위안'이라는 표기가 "현대표준중국어[普通話]의 실제 발음에 부합하는가?"라는 의문이 생길 수 있습니다. 중국어에 입문하는 초학자라 하더라도, 'yuan'의 발음이 '위안'보다는 '위앤' 혹은 '위엔'에 더 가깝다는 사실을 어렵지 않게 알 수 있습니다. 'yuan'은 '위(yu)'라는 전설(前舌) 고모음(高母音)과 '-ㄴ(-n)'이라는 설첨자음(舌尖子音) 사이에 '아(a)'가 끼어들어 있는 구조입니다. '아(a)'는 단독으로 발음하면 중설(中舌) 저모음(低母音)이지만, 고모음(高母音)인 '위(yu)'로 시작된 발음이 '-ㄴ(-n)'으로 마무리되면서 설면(舌面)의 전반부가 경구개(硬口蓋)에 접촉하다시피 발음이 형성되기 때문에, '위안(yuan)' 중의 '아(a)'라는 저모음(低母音)이 고모음(高母音) 방향으로 끌려 올라가는 현상이 나타날 수밖에 없습니다. 이러한 관계를 간략히 살펴보면 아래 그림과 같습니다.

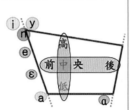

성운학(聲韻學)이나 음성학(音聲學)적인 상식을 바탕으로 생각한다면, 한글로 표현할 때 '아'라고 표기하기보다는 '애'나 '에' 정도로 표기하는 것이 '적절하지 않겠는가!'라는 의견을 가질 수 있습니다. 뉴스를 보다가 '위안화'라는 표기가 보이면, '사실 저렇게 쓰는 것은 실질적인 발음과는 차이가 있어. 그런데 교육부 방안이기 때문에 공식적으로는 저렇게 쓸 수밖에 없는 거야!'라는 전공자의 입장과 시각을 가질 수 있으면 좋겠습니다. 이런 시각을 가질 수 있는 것, 바로 성운학(聲韻學)이라는 학문 영역의 여러 가지 효용 중에서 하나라고 생각할 수 있겠습니다.

우리 국어학(國語學)의 음운론(音韻論)에서 자주 언급되는 발음의 변화 현상 중에서 '구개음화(口蓋音化)' 현상에 대한 이해는, 성운학(聲韻學) 범주에서의 음운변화(音韻變化) 현상을 파악하는 데 직접적인 도움이 되기도 합니다. 구개음화(口蓋音化) 현상에 대한 이해를 바탕으로, 중국어의 성모(聲母) 중에서 j·q·x라는 구개음(口蓋音)은 근대중국어[近代漢語] 후기에 나타났다는 사실을 알 수 있습니다. 근대중국어[近代漢語]의 성모(聲母) 체계를 반영하는 「조매시(早梅詩)」에서 이 계열의 발음을 별도로 분류하지 않았으므로, 그 이후에나 j·q·x가 형성된 것으로 추정할 수 있습니다. '구개음화(口蓋音化)' 현상은 '구개음(口蓋音)'이 아닌 발음 요소가 '구개음(口蓋音)'으로 변화하는 현상입니다. '구개음(口蓋音)'은 '설면음(舌面音)'과 동일한 용어입니다. 설면(舌面)과 구개(口蓋)가 맞닿아서 형성되는 발음이 구개음(口蓋音), 즉 설면음(舌面音)입니다. 중고중국어[中古漢語]의 성모(聲母) 체계를 반영하는 36자모(字母)에서, 현대표준중국어[普通話]의 발음으로 읽으면 성모(聲母)가 j·q·x로 발음되는 글자들을 확인할 수 있을 겁니다. 精(jing)·淸(qing)·心(xin)·邪(xie)·見(jian)·溪(qi)·群(qun)·曉(xiao)·匣(xia) 등이 j·q·x 계열에 속하는 글자인데, 과연 중고중국어[中古漢語] 시기에 이미 j·q·x 계열의 발음이 있었기 때문일까요? 그렇지 않습니다.

	脣音		舌音		齒音		牙音	喉音	半	半
	重脣	輕脣	舌頭	舌上	齒頭	正齒	音	音	舌音	齒音
全清	幫 bang	非 fei	端 duan	知 zhi	精 jing	照 zhao	見 jian	影 ying		
次清	滂 pang	敷 fu	透 tou	徹 che	清 qing	穿 chuan	溪 qi	曉 xiao		
全濁	並 bing	奉 feng	定 ding	澄 cheng	從 cong	牀 chuang	群 qun	匣 xia		
次濁	明 ming	微 wei	泥 ni	娘 niang			疑 yi	喻 yu	來 lai	日 ri
全清					心 xin	審 shen				
全濁					邪 xie	禪 shan				

위 표에서 표기한 발음은 현대표준중국어[普通話]의 발음으로 나타냈을 뿐입니다. 精자와 見자 두 글자로 동일한 'j'라는 성모(聲母)를 나타내는 경우라면, 그리고 心·邪·曉·匣 네 글자로 동일하게 'x'라는 성모(聲母)를 나타내는 경우라면 36자모(字母)라는 기본적인 취지에 부합하지 않는 것입니다. 중고중국어[中古漢語]에서 36자모(字母) 각각의 글자는 각각의 서로 다른 36가지 성모(聲母)를 나타내는 용도입니다. 精과 見의 성모(聲母)가 다르고, 心·邪·曉·匣의 성모(聲母)가 각각 달랐기 때문에 36자모(字母)에서는 별도로 구분되었던 것입니다. 중고중국어[中古漢語] 시기에 36자

모(字母)의 精자와 같은 역할로 사용되던 글자 중에서 將(jiang)·借(jie)·津(jin)·晶(jing) 등은 현대표준중국어[普通話]에서 성모(聲母)가 'j'이고, 再(zai)·臟(zang)·早(zao)·祖(zu)·醉(zui) 등은 성모(聲母)가 'z'입니다. 또한 중고중국어[中古漢語] 시기에 36자모(字母)의 見자와 같은 역할로 사용되던 글자 중에서 江(jiang)·介(jie)·斤(jin)·京(jing) 등은 현대표준중국어[普通話]에서 성모(聲母)가 'j'이고, 槪(gai)·剛(gang)·高(gao)·古(gu)·貴(gui) 등은 성모(聲母)가 'g'입니다. 精 계열의 글자들과 見 계열의 글자들 중에서 성모(聲母)가 'j'로 발음되는 글자들의 공통점이 있습니다. 바로 'i'라는 모음(母音)이 성모(聲母)의 바로 뒤에 붙어있다는 것입니다. 즉 운두(韻頭) 혹은 운복(韻腹)이 'i'인 경우에는 성모(聲母)가 'j'로 발음됩니다. 모음(母音) 'i'는 설면(舌面)과 구개(口蓋)가 맞닿아 발음됩니다. 36자모(字母)의 精 계열과 見 계열 글자들 중에서 성모(聲母)가 모음(母音) 'i'와 직접 연결되는 경우에는 발음부위(發音部位)가 'i'와 동일한 형태로 바뀌는 것입니다. 모음(母音) 'i'의 역행동화(逆行同化) 현상으로 설명될 수 있습니다. 바로 비구개음(非口蓋音)이 구개음(口蓋音)으로 바뀌는 '구개음화(口蓋音化)' 현상입니다. 달리 표현하면 비설면음(非舌面音)이 설면음(舌面音)으로 바뀌는 '설면음화(舌面音化)' 현상입니다. 중고중국어[中古漢語] 시기의 36자모(字母)에서는 이러한

'구개음화(口蓋音化)' 현상이 발생하지 않았으므로, 현대표준중국어[普通話]에서 성모(聲母)가 j·q·x로 발음되는 글자들을 각기 다른 성모(聲母) 표기로 사용하였던 것입니다. 근대중국어[近代漢語] 시기의 「조매시(早梅詩)」에서도 동일한 방법을 적용하여 확인할 수 있는 사항입니다. 아래 그림은 현대표준중국어[普通話]의 발음에 근거하여 「조매시(早梅詩)」의 20자모(字母)의 성모(聲母)를 표기한 것입니다.

早梅詩 (明, 蘭茂《韻略易通》)

東	風	破	早	梅	向	暖	一	枝	開
d	f	p	z	m	h(x)	n	ø	zh	k

氷	雪	無	人	見	春	從	天	上	來
b	s(x)	u(ø)	r	g(j)	ch	c	t	sh	l

向(xiàng)자와 雪(xuě)자는 현대표준중국어[普通話]에서는 동일한 성모(聲母)이지만, 「조매시(早梅詩)」에서는 각기 다른 성모(聲母)를 나타내는 용도로 사용된 글자입니다. 向의 우리 한자음(漢字音)은 '향'이고 雪은 '설'인 점에서 알 수 있듯이, 각각 'h(ㅎ)'와 's(ㅅ)'를 나타내는 용도로 추정하는 것이 합리적입니다. 그리고 見

(jiàn)도 설면음(舌面音) 'j'가 아닌 설근음(舌根音) 'g(ㄱ)'를 나타내는 용도로 추정해야 중국어의 발음 변화 과정에 부합할 수 있습니다. 20자로 나타낸 근대중국어[近代漢語]의 성모(聲母) 체계에서, 'g(ㄱ)'·'h(ㅎ)'·'s(ㅅ)' 등은 없으면서 설면음(舌面音) 'j'와 'x'가 존재하는 성모(聲母) 체계는 논리적으로 성립될 수 없는 사항입니다. 「조매시(早梅詩)」의 20자 중에서 見·開·向은 각각 g·k·h를 나타내는 용도로, 早·從·雪은 z·c·s로 간주하는 것이 타당한 설명입니다. 그러므로 근대중국어[近代漢語]의 「조매시(早梅詩)」가 반영하는 성모(聲母) 체계에서도 설면음(舌面音) j·q·x는 형성되지 않았던 것으로 판단할 수 있습니다. 물론 이런 해석법은 철저하게 문헌상의 기록에 근거한 관점입니다.

j·q·x의 형성처럼 발음이 변화하는 상황은 특정 시기 특정 지역에서 일순간에 그리고 동시에 발생하는 것은 아닙니다. 예를 들면, 북경(北京), 천진(天津)과 마찬가지로 북방방언(北方方言)에 속하는 산동(山東) 지역의 방언(方言)에서, 구개음화(口蓋音化)가 진행되지 않은 흔적을 확인할 수 있습니다. 우리 실생활에서 쉽게 접해볼 수 있는 예를 들면, 중화요리의 메뉴에서 이러한 사항을 확인할 수 있습니다. '기쓰면'·'라조기'·'깐풍기' 등과 같이 '기'자가 들어간 요리입니다. 이 요리들의 공통점은 모두 닭고기가 주

재료라는 점입니다. '닭'은 현대표준중국어[普通話]에서 '鷄(jī)'라고 발음합니다. 鷄자는 36자모(字母)에서 見 계열에 속하는 글자입니다. 즉, 36자모(字母)의 중고중국어[中古漢語] 시기와 「조매시(早梅詩)」의 근대중국어[近代漢語] 시기에는 'g(ㄱ)' 계열로 발음되었던 글자입니다. 그런데 현대표준중국어[普通話]에서는 모음(母音) 'i'의 역행동화 영향으로 성모(聲母)가 구개음(口蓋音)인 'j'로 변화했음을 추정할 수 있습니다. 하지만 산동(山東) 일부 지역의 방언(方言)에서는 성모(聲母)가 모음(母音) 'i'와 직접 연결되고 있음에도 불구하고, 구개음화(口蓋音化) 현상은 발생하지 않았습니다. 그래서 '지(jī)'가 아닌 '기(gī)'로 발음되는 것입니다. 우리나라에서 중화요리를 정착시킨 주요 계층은 산동(山東) 지역 출신의 화교가 절대다수를 점하고 있었습니다. 그래서 산동방언(山東方言)의 영향으로 鷄絲麵·辣椒鷄·乾烹雞 등의 요리 명칭에서 鷄자를 '지(jī)'가 아닌 '기(gī)'로 명명하게 되었던 것으로 추정해 볼 수 있겠습니다. 이러한 사항 역시, 중국어 발음의 통시적(通時的), 공시적(共時的) 분석에 근거한 성운학(聲韻學) 범주의 상식을 바탕으로 해석할 수 있는 사실들입니다.

끝으로 중국어 발음의 통시적(通時的), 공시적(共時的) 분석이라는 연구 방법을 확립하여 성운학(聲韻學)을 현대적인 학문 분야로 발전시킨 버나드 칼그렌(Bernhard Karlgren, 1889~1978)이라는 학자를 기억하고자 합니다. 칼그렌은 스웨덴 출신으로 웁살라대학(Uppsala University)을 졸업하고 청말민초(淸末民初) 시기부터 오랜 기간 동안 중국에서 활동한 언어학자입니다. 중국 학계에서는 일반적으로 '瑞典 출신의 高本漢'이라고 부릅니다. 중국어로는 스웨덴(Sweden)을 'Ruìdiǎn(瑞典)'이라고 합니다. 그런데 'Sweden'을 음역(音譯)한 'Ruìdiǎn'이라는 발음에서, 첫 부분의 'S-'와 'R-' 사이에서 발음의 관련성을 확인하기가 쉽지 않습니다. 비슷한 예로, 스위스(Switzerland, Swiss)도 'Ruìshì 瑞士'라고 합니다. 그렇다면 무슨 근거로 's' 계열을 'r' 계열로 음역(音譯)한 것일까요? 사실은 스웨덴과 스위스의 국명에 사용된 '瑞'자에서 우리 한자음(漢字音)을 대응시킨다면 바로 이해할 수도 있는 문제입니다. 우리 한자음(漢字音)으로는 '서'로 발음되므로, 스웨덴이나 스위스의 음역(音譯)에서 '瑞'자를 사용하는 것이 무리가 없어 보입니다. 현대중국어[現代漢語]의 일부 방언(方言)에서도 '瑞'자는 성모(聲母)가 's' 계열로 발음됩니다. 즉, 현대표준중국어[普通話]에서는 '瑞'자가 'r' 계열의 성모(聲母)로 발음되는 까닭에, 'Ruìdiǎn'과 'Ruìshì'라는 국명으로 원음과 거리감을 느끼게 되었던 것입니다. 중국 언어학에서 성운학(聲韻學)이라는 학문 영역을 이해하는 데에 있어서, 현대 표준중국어[普通話]를 바탕으로 현대중국어[現代漢語]의 방언(方言)에 대한 상식까지 갖춘다면, 이해의 폭과 깊이가 더해질 수 있을 것입니다. 중국어 방언(方言)에 대한 상식은 차치하더라도, 우리 한자음(漢字音)에 대한 기본적인 상식만 갖추더라도 성운학(聲韻學)이라는 학문 영역에서 흥미와 성취를 더 높일 수 있을 것입니다.

중국 성운학(聲韻學)에 대한 열정과 더불어 우리 국어에 대한 애정도 더 깊어지기를 바랍니다.

감사합니다.

한자와 성운학

<主要參考文獻>

(漢) 許愼, (淸) 段玉裁注, 『說文解字注』(2000), 上海: 上海古籍出版社.

(唐) 陸德明, 『經典釋文』(1985), 上海: 上海古籍出版社.

(宋) 『新校互注宋本廣韻』(增訂本), 余迺永(2000), 上海: 上海古籍出版社.

(宋) 丁度, 『集韻』(上·中·下)(1983), 北京: 中國書店.

(金) 韓道昭, 寧忌浮 校訂(1992), 『校訂五音集韻』, 北京: 中華書局.

(元) 周德淸, 許世瑛 校訂, 劉德智 注音(1986), 『音注中原音韻』(1324), 臺北: 廣文書局.

(明) 蘭茂, 畢拱辰撰, 『韻略易通韻略匯通合訂本』(1972), 臺北: 廣文書局.

『等韻五種』(1975), 臺北: 藝文印書館.

Hsueh(1975), *Phonology of Old Mandarin*, Ohio State University.

Martin, S. E. (1953), The Phonemes of Ancient Chinese, *JAOS* 7.

Pulleyblank, E. G. (1984), *Middle Chinese*, University of British Columbia Press.

耿振生(1992), 『明淸等韻學通論』, 北京: 語文出版社.

高永安(2014), 『声调』, 北京: 商务印书馆.

郭錫良(1986), 『漢字古音手冊』, 北京: 北京大學出版社.

寧繼福(1985), 『中原音韻表稿』, 吉林: 吉林文史出版社.

唐作藩(1991), 『音韻學教程』, 北京: 北京大學出版社.

董同龢(1944/1975), 『上古音韻表稿』, 臺北: 台聯國風出版社.

董同龢(1989), 『漢語音韻學』, 臺北: 文史哲出版社.

羅常培(1963), 『羅常培語言學論文選集』, 北京: 中華書局.

羅常培·王均(2002), 『普通語音學綱要』(修訂本), 北京: 商務印書館.

陸志韋(1985),『古音說略』(陸志韋語言學著作集), 北京: 中華書局.

李方桂(1980/1998),『上古音研究』, 北京: 商務印書館.

李新魁(1983),『漢語等韻學』, 北京: 中華書局.

李榮(1956),『切韻音系』, 北京: 科學出版社.

李珍華·周長楫編撰(1993),『漢字古今音表』, 北京: 中華書局.

潘悟雲等 編譯(1997),『漢文典』(修訂版), 上海辭書出版社 (Karlgren, B. (1957), Grammata Serica Recensa. *Bulletin of the Museum of Far Eastern Antiquities* 32:1-332.

邵榮芬(1982),『切韻研究』, 北京: 中國社會科學出版社.

王力(1980),『漢語史稿』, 北京: 中華書局.

王力(1984),『中國語言學史』, 香港: 中國圖書刊行社.

王力(1985/1986),『漢語語音史』, 北京: 中國社會科學出版社.

蔣紹愚(2005),『近代漢語研究概要』, 北京: 北京大學出版社.

丁邦新編(1981),『董同龢語言學論文選集』, 臺北: 臺北食貨出版社.

丁聲樹編錄, 李榮參訂(1958),『古今字音對照手冊』, 北京: 科學出版社.

鄭張尚芳(2003),『上古音系』, 上海: 上海教育出版社.

趙誠(1979),『中國古代韻書』, 北京: 中華書局.

趙元任·羅常培·李方桂譯,『中國音韻學研究』(1995), 北京: 商務印書館 (Karlgren, B. (1954/1963), Compendium of Phonetics in Ancient and Archaic Chinese, *BMFEA* 26. Goteborg, 211-367 [*Bulletin of the Museum of Far Eastern Antiquities*, volume 26, 1954]).

趙蔭棠(1957),『等韻源流』, 北京: 商務印書館.

周祖謨(1981),『問學集』, 北京: 中華書局.

周祖謨(1993),『周祖謨學術論著自選集』, 北京: 北京師範學院出版社.

何九盈(1985),『中國古代語言學史』, 鄭州: 河南人民出版社.

한자와 성운학

何九盈(1997),『中國漢字文化大觀』, 北京: 北京大學出版社.

何九盈(2002),『音韻叢稿』, 北京: 商務印書館.

何九盈(2008),『中國現代語言學史』(修訂本), 北京: 商務印書館.

黃公紹·熊忠著, 甯忌浮整理(2000),『古今韻會擧要』, 北京: 中華書局.

索引

한자와 성운학

한자와 성운학

배은한 裵銀漢

단국대학교 중문과 교수

북경대학교 중문과 박사. 대표 논저로는 「명대 운서 이독자 연구(明代 韻書 異讀字 研究)」(2002), 『현대표준중국어 어음발전사』(2005: 共譯), 『한중일 공통 한자어 어휘집』(2020: 共編), 『현대중국어 어법 강의』(2021: 共譯), 『현대한자학』(2024: 共譯) 등이 있다.

주요 관심 분야는 중국어사, 성운학, 한자와 중국문화 등이다.

신아사 申雅莎

경성대학교 한국한자연구소 HK연구교수

북경대학교 중문과 박사. 대표 논저로는 「『訓蒙字會』·『新增類合』·『千字文』에 반영된 止攝字 층위 연구(1)」(2009), 「止攝 合口 '捶'의 中世 한국한자음 고찰」(2020), 「한·중 대학교명의 대조언어학적 분석」(2023), 『바다동물, 어휘 속에 담긴 역사와 문화』(2023, 共著) 등이 있다.

주요 관심 분야는 중국어사, 대조언어학, 계량언어학, 한자문화 등이다.

경성대학교 한국한자연구소 한자학 교양총서 02

한자와 성운학

초판1쇄 인쇄 2024년 2월 16일
초판1쇄 발행 2024년 2월 28일

지은이   배은한 신아사
펴낸이   이대현
편집   이태곤 권분옥 임애정 강윤경
디자인   안혜진 최선주 이경진
마케팅   박태훈 한주영

펴낸곳   도서출판 역락
출판등록 1999년 4월 19일 제303-2002-000014호
주소   서울시 서초구 동광로 46길 6-6 문창빌딩 2층 (우06589)
전화   02-3409-2060
팩스   02-3409-2059
홈페이지   www.youkrackbooks.com
이메일   youkrack@hanmail.net

ISBN   979-11-6742-713-7 04700
         979-11-6242-569-0 04080(세트)